阅读成就思想……

Read to Achieve

THE GAMIFICATION REVOLUTION
How Leaders Leverage Game Mechanics to Crush the Competition

游戏化革命
未来商业模式的驱动力

[美] 盖布·兹彻曼（Gabe Zichermann） 乔斯琳·林德（Joselin Linder）◎著　应皓◎译

中国人民大学出版社
·北京·

THE GAMIFICATION REVOLUTION

本书赞誉

兹彻曼和林德共同为我们带来了一本满载着最有意思的案例研究、重要的模式和关键性结论的关于游戏化的著作，对于任何从事战略、营销或者人力资源工作的管理人员来说，这都是一本必读之作。

肯 · 法瓦罗

博斯管理咨询公司资深合伙人

在今天这个快节奏的世界里，人们的注意力比以往更加分散。想要从中脱颖而出，企业比以往任何时候都需要隔绝纷繁的信息与噪音，吸引他们的关注。《游戏化革命》将教会企业掌握获取长期成功和业绩增长的基本要领。

杰西 · 芮德妮丝

环球影视资深副总裁

在游戏化方面，兹彻曼是一位重要的意见领袖及倡导者。《游戏化革命》展示了在商业环境中运用游戏机制的最佳实践。这是一套重要的框架，随着商业模式及客户和合作伙伴关系的不断发展，所有主要的企业和组织最终都会用到它。

蒂姆·张
梅菲尔德基金合伙人、福布斯最佳创投人

在不断变化的商业环境中，想要找到能够保持竞争优势的积极应对方法是件不容易的事情。《游戏化革命》提出了能够帮助企业管理者增强与客户、合作伙伴之间的互动和使企业与时俱进的精彩理念。

丹·巴拉德
清晰频道户外广告公司收益管理总监

游戏化是销售2.0和社交化销售的融合，是许多销售主管还没有理解的概念。兹彻曼和林德提出了一套能够产生突破性成果的游戏化实用方法。销售是企业创新的最后一座堡垒，每一位销售主管都必须读一下这本精彩绝伦的图书。

海伊·利瓦
清晰频道户外广告公司销售运营资深副总裁

领导者们该如何建立有意义且可靠的忠诚度？《游戏化革命》为之提供了一种能够付诸实践的洞察力。

史蒂夫·哈特曼
都会服饰公司（Urban Outfitters）经济与市场管理总监

游戏化就在眼前，我却视而不见。对企业和非营利组织的管理者来说，《游戏化革命》是一本必读作品，我与董事会的每一个人都分享了这本书。这本书拥有大量精彩的数据、概念以及企业案例分析，让我深入其中，收获颇多。

内尔·莫斯

Capital Investors Advisory Corp 主席

对于如今所有面向消费者的企业来说，没有什么会比与消费者和员工建立长期的、优秀的互动体验更重要的了。《游戏化革命》将向你展示，领导者们是如何攀上巅峰赢得胜利的。

亚历山大·威尔森

闪购网站 Gilt Groupe 联合创始人

《纽约时报》畅销书《绝对邀请》（By Invitation Only）作者

兹彻曼和林德有力地证明了游戏化可以被应用于任何工作环境。当我作为一名管理者面对客户需求，希望建立让人满意的工作团队时，这本书让我思考的不仅是如何让团队更出色，还有怎样也能让我的政府客户同样获益。

詹姆斯·A·麦克唐纳

Knight Point Systems 公司总监

兹彻曼将游戏世界中的优秀思维带到了商业世界中。从吸引客户到留住团队，《游戏化革命》都能为你提供真正带来成果的策略和具体做法。据我所知，兹彻曼的智慧已经帮助创业者学院将业务拓展到了每一个地方，改变了无数人的生活。

阿德奥·莱西

创业者学院首席执行官

THE GAMIFICATION REVOLUTION

前　言

世界变得越来越游戏化

美国第26任总统西奥多·罗斯福曾说过："当你玩的时候，就尽情地玩；工作的时候，就认真工作。"正因为如此，他始终秉持着勤奋工作的精神。被人们称为"泰迪熊"的罗斯福，其形象似乎应该是外向而开朗的，但实际却截然相反，他是一名高标准、严要求的工作狂和鞭策者。从一名柔弱的哮喘病儿，一路走到摘得诺贝尔和平奖，罗斯福一生成就辉煌，彪炳史册。在美国历任总统当中，他的传世功绩得到了后人的崇高评价，引世人仰望，莫能比肩。

人们普遍认为，工作和游戏是一对矛盾。我们自幼就被教导，何时该做何事。工作和游戏之间，泾渭分明，毫无异议。然而，事实却并非如此。

由于人口、技术、竞争格局发生的一系列变化，那些聪明的组织，也包括非营利组织和政府机构，越来越多地把游戏和比赛作为彻底改造组织的一种方法。他们因此获得了前所未有的客户关注，使员工齐心协力,并推动了在十年前几乎是不可能的创新。他们已经意识到,他们在智能、激励以及社区参与方面的着力有利于推动商业目标的实现。

这种概念被称之为"游戏化",即运用来自游戏的设计理念、忠诚度方案以及行为经济学的原理,推动用户进行互动和参与,如图0—1所示。这种理念已经渗透进现代商业多年,如今终于有了属于自己的未来。美国咨询公司高德纳集团预测,到2015年,在全球最大的企业中,将会有70%的企业会采用游戏化机制来推动50%的创新工作。此外,M2分析认为,在近十年内,美国公司每年将会在游戏化技术与服务上花费30亿美元。在2010年之前,谷歌趋势上根本看不到"游戏化"一词,如今却越来越频繁地出现在人们眼前。

图0—1　游戏化理念的组成部分

在过去的半个世纪里,几乎所有的商业策略著作都遗漏了一个核心概念,也就是本书将阐明的游戏化必胜之道,即如果企业缺乏互动,在开展人才与市场份额的竞争之前,一切就已经注定会失败。

让我们来看一下福克斯迈尔医药公司(FoxMeyer Drugs)的案例。在1993年,福克斯迈尔公司是美国第四大药品批发商。当时,福克斯迈尔与软件管理企业SAP公司以及商业管理咨询公司埃森哲公司合作，引进了一整套用于实现自动化仓储的全新 ERP 系统（Enterprise Resource Planning System，ERP）。尽管有一个精心策划的为期 18 个月的部署方案，但福克斯迈尔管理团队却犯下了一个大错——没有与员工沟通此事。

于是该公司成千上万的员工惊恐地看到，为了实现新系统所保证的效率提升，公司开始关闭多个仓库，管理层也没有与他们进行任何有价值的沟通。员工们无所适从，唯一知道的就是自己将会被机器取代。员工们的恐惧并非毫无根据，尽管当时公司并没有大规模裁员的计划，但他们的所作所为却向员工传达出了相反的信号。由于公司管理的不透明，正确导向的缺乏以及信息的缺失给公司带来了一场灾难。

与其袖手旁观坐以待毙，还不如放手一搏。于是一群员工发起了攻击，破坏了公司新的软件系统以及运行这些软件的设备。软件一旦被破坏，就无法实现预期的设想。本来应该是一场平滑的过渡，却演变成了一场灾难，摧毁了员工的士气，并深刻地影响到了福克斯迈尔公司的未来。1998 年，这家市值 50 亿美元的公司破产了。

尽管福克斯迈尔、埃森哲和 SAP 花了数年时间在法庭上应对针对实施 ERP 系统中不当行为的指控，但有一点是毫无疑问的，管理层与员工之间互动的缺失才是导致新的改革进程受阻以及福克斯迈尔毁灭的根本原因。

其实，并非只有如此极端的案例才能让我们看到缺乏互动的危险性，这种隐患不仅存在于管理层和员工之间，也存在于管理人员、员工和商业策略之间。如果你的企业存在类似的问题，那我相信你们公司的

IT 部门也一定经历过大量因被员工排斥而最终失败的项目。据从事 IT 项目调查的权威机构 Standish 集团 2011 年的 CHAOS 报告估算,由于缺乏使用和必要的互动,有 21% 的软件项目失败了,并由此给企业造成了数十亿美元的损失。

从用户的角度来看,情况更令人吃惊。来自微软研究院的刘超告诉我们,新用户访问一个网站,决定是否留下来的平均时间只有 10 秒钟,甚至更短。如果他们浏览了 30 秒,那么恭喜你获得了用户整整两分钟的关注。在移动平台上,情况更加严峻。根据移动信息专家 Localytics 公司的数据分析,超过 69% 的移动用户最多使用一款应用 10 次;而来自 Flurry 的分析则表明,只有 25% 的用户会在 90 天内再次使用同一款应用,详见表 0—1。

表 0—1　　　　　　　　Flurry 移动应用忠诚度数据分析表

分类	30 天留存	60 天留存	90 天留存	每周使用频率
新闻	74%	57%	43%	11.0
医疗	72%	55%	43%	3.0
参考	70%	55%	42%	10.7
效率	72%	38%	35%	6.0
导航	73%	33%	30%	6.0
健康健美	65%	35%	30%	7.0
教育	72%	34%	30%	4.0
天气	74%	38%	27%	10.5
商业	71%	33%	26%	5.0
音乐	65%	32%	26%	5.0

续表

分类	30天留存	60天留存	90天留存	每周使用频率
财务	71%	33%	21%	6.0
运动	73%	30%	20%	4.0
旅游	61%	25%	17%	7.0
工具	55%	19%	16%	7.7
游戏	72%	23%	14%	7.4
社交	61%	19%	12%	6.0
娱乐	51%	15%	12%	2.6
图书	72%	23%	12%	10.0
生活方式	50%	8%	5%	8.0
平均值	67%	32%	25%	6.7

* 表0—1清晰地显示了特定分类应用的用户回头率。

关于互动程度的大幅下降，并非只是智能手机应用开发商所面临的严峻问题。值得注意的是，消费者平均注意力的下降，不只发生在智能手机用户身上。消费者们无论是在书桌前，还是坐在电视机前，又或是正在开车去商场的路上，商家的各种品牌都越来越难以吸引到他们。

企业在商业上的成功取决于从员工和顾客那里获得并保持这种关注度。问题是，企业想要第一时间得到关注正变得越来越困难。2011年的一项研究表明，4岁儿童观看超过9分钟的快餐卡通片后，与没有观看卡通片的儿童相比，会明显地表现出更差的执行能力。作为专注于心身沟通研究的前沿心理学家、医学博士特蕾西·马科斯（Tracey Marks）认为，成年人之所以不会像儿童那样失去执行力，很大程度上是由于他们能够过滤掉大部分杂音。也就是说，我们对所有出现在办公室和家里的电脑上、电视机里以及移动设备上的，甚至是回家路上的竞争性观点、网站和项目的过滤，实际上会让我们无法与大部分所看到的事物建立起联系，它不断地给我们增加压力，并潜移默化地让我们变得更加麻木。参与度下降的趋势并没有减速，从公共服务到金融、工程，乃至零售业等各个领域，它正在越来越广泛地影响着所有行业。

面对注意力日益被分散的趋势，有一个行业却从未受到影响，那就是游戏业。虽然在局外人看来，游戏可能更像是一个麻烦。然而实际上，游戏却是使我们不断发现自己与他人的联系，并享受这种沟通所带来的快乐的地方。

消费者花在玩游戏上的时间，实际上是一年比一年多。美国人口普查局预计从 2002 年至 2012 年，美国成年人口的总游戏时间翻了一番。然而，这个数据遗漏了一些现实情况：它没有包含 12 岁及以下年龄的孩子们，也未包括玩社交游戏和移动游戏的用户，虽然他们玩游戏，但并不认为自己是游戏玩家。事实上，Facebook 的报告显示，在 Facebook 上玩游戏的用户在游戏上的年平均消费是 50 美元。一项 2010 年的"今日玩家调查"发现，2009 年游戏用户在游戏方面的消费额为 253 亿美元，而这个数字毫无疑问地正在持续增长。

与此同时，休闲时间的持续减少也影响着用户对传统媒体的消费。这些趋势强烈地说明了游戏正在冲击着其他娱乐形式。如果我们再顺着这股潮流往前看 15 年到 20 年，就会发现，用不了多久，游戏就会在众多娱乐形式中占据优势地位。毫无疑问，玩游戏长大的千禧一代所具备的国际视野将会全方位地冲击与重塑工作、商业、公民生活以及娱乐，其所带来的经济影响也恰恰与这种趋势相契合。

我们不能再用老办法来解决新的商业问题。在这个极度多重任务以及与游戏类似的娱乐方式不断增加的世界中，传统的互动策略已经行不通了。在新的商业环境中，人们开始期待更多的奖励、刺激和反馈。世界瞬息万变，在我们还没有反应过来之前，今天流行的东西就已经成了明日黄花。

那我们该如何在员工与顾客的互动策略中应对这一巨大挑战呢？我们想要找到答案，就不得不接受一下三个互相关联的重要事实。

1. 我们已经无法回到专一、专心的过去，今天的员工和顾客都已适应了多重任务的世界。
2. 互动是企业能从员工和顾客那里得到的最有价值的资源。企业的成功与否，与此休戚相关。
3. 在竞争中脱颖而出的最佳方法，就是尽可能给予你的员工和顾客有趣和专注的体验。

从本质上来讲，我们就是以火攻火。从人口结构与文化发展趋势来看，世界将变得越来越游戏化，因此企业也必须顺应这一潮流。对游戏化的理解越深，在企业战略中游戏化渗透得越深，企业也就越能成功地推动员工和顾客的互动。

游戏化为建立和维系人与人之间的互动提供了最人性化的工具。世界上最好的公司包括耐克、SAP、培生集团、软营（Salesforce）、思科（Cisco）、联合航空、微软、塔吉特百货、声破天（Spotify）、西门子、通用、麦当劳等数百家企业，在商业竞争、战略构想、构建忠诚度、招募与留住人才、推动卓越成就和革新等方面越来越多地运用了游戏化手段。

如果你曾经和罗斯福一样，将游戏和玩耍视为工作中完全多余的部分，那么从现在起，请抛开对游戏的偏见。如果你已经见识过游戏是如何改变了商业的形态，那么从现在开始，你可以开始运用你所知的游戏化知识去改进公司的方方面面。你也必须从现在开始重新全面思考企业的策略。如你将在本书中读到的，无论面对何种情形，我们都有多种切实可行的方法来运用游戏化手段。

欢迎加入到这场游戏化革命中来！

游戏化阅读

在本书中，你会经常看到带有 ▶ 的"游戏化阅读"栏目：这表示有一个挑战正在等待着你——如果你选择接受挑战的话。当然，如果你不喜欢玩，或者不想玩的话，也并不影响你阅读（按你的喜好享受阅读体验就好）。你可以直接跳过这些栏目和游戏提示，继续阅读。如果你非常喜欢这个在你的阅读体验中加入的额外元素，我向你致敬！我设计该栏目的初衷就是希望通过这些挑战帮助读者了解游戏化的一些机制，鼓励读者专注阅读，并从中得到快乐，也由此证明只要适当运用创造力，任何事情都可以被游戏化。如果你已经做好阅读准备，那么祝你好运，游戏即将开始啦！

THE GAMIFICATION REVOLUTION

目　录

第一部分
开启未来商业新模式

第1章
游戏化革命的到来　//003

　　游戏正在改变一切　//012
　　你的顾客们正在改变　//013
　　游戏伴随着今天每一个孩子的成长　//014
　　隔绝繁复市场信息的噪声　//016
　　游戏化设计的核心元素——驾驭　//017
　　游戏化是什么　//021
　　游戏化不是什么　//025
　　做好游戏化变革的准备　//026

第 2 章
用游戏化重构企业未来的新型战略　//029
　　　干掉汽车工业的杀手——社交网络　//030
　　　通向游戏化的战略方法　//034

第 3 章
将战略过程游戏化　//051
　　　预知结果　//054
　　　情景建模：预知未来的模拟游戏　//057
　　　创造互动　//062
　　　提升智力　//066

第二部分
驱动团队业绩的提升

第 4 章
把员工绩效极致化　//073
　　　Ekins 所创建的一种欢乐文化　//081
　　　激励管理人员与专业型员工　//087
　　　运用游戏化重新设计组织　//090
　　　将绩效考核游戏化　//092

第 5 章
让员工创新的星火燎原　//095
　　　游戏化三大关键策略之交易市场和竞争策略　//101
　　　游戏化三大关键策略之模拟策略　//110

目 录

　　　　　游戏化三大关键策略之玩乐策略　//113

第 6 章
用游戏化重塑人力资源管理战略　//117

　　　　　让招聘变得有趣　//121
　　　　　品牌风暴：现实世界中的招聘创新　//127
　　　　　意义非凡的游戏化培训　//131
　　　　　通过游戏化降低培训成本　//132
　　　　　四扇门学习法——在游戏中选择　//137
　　　　　将学习过程游戏化　//139
　　　　　运用游戏化模拟来培训　//141

第 7 章
促进员工身心健康的游戏化策略　//145

　　　　　良性压力和多巴胺　//150
　　　　　需要减轻压力的职场世界　//153
　　　　　游戏化手段大大改善了员工健康状况　//157
　　　　　有时并不需要全新的游戏化体验　//159
　　　　　小心游戏化陷阱　//163
　　　　　让企业与员工皆大欢喜　//164

第三部分
用游戏化构建与用户的互动

第 8 章
用游戏化隔绝干扰消费者的噪音　//169

　　　　　用游戏化引起用户的关注与互动　//175

第9章

用游戏化吸引客户长期互动 //197

定义游戏化中的常规行为 //201
建立有效的互动参与循环 //202
保持内容的及时更新 //205
运用有意义的激励机制 //208
将个人的成长和进步联系起来 //210
不断创造学习的机会 //213
将忠诚度转化为收益 //216

第10章

众包创新 //223

改变行为 //228
来自客户服务和社群的挑战 //232
启发创新和创意 //237
推动新产品开发 //241

后记　推动未来商业的力量　//247

附录　游戏化阅读答案　//257

THE GAMIFICATION REVOLUTION

第一部分
开启未来商业新模式

THE
GAMIFICATION
REVOLUTION

第 1 章
游戏化革命的到来

无论你是如何理解游戏的，也不管 Zynga 这样的游戏开发商的未来将如何，游戏业的核心成就是毋庸置疑的——游戏驱动了大量用户的参与，并使其他活动变得无足轻重。而且，这种趋势正在加速发展！

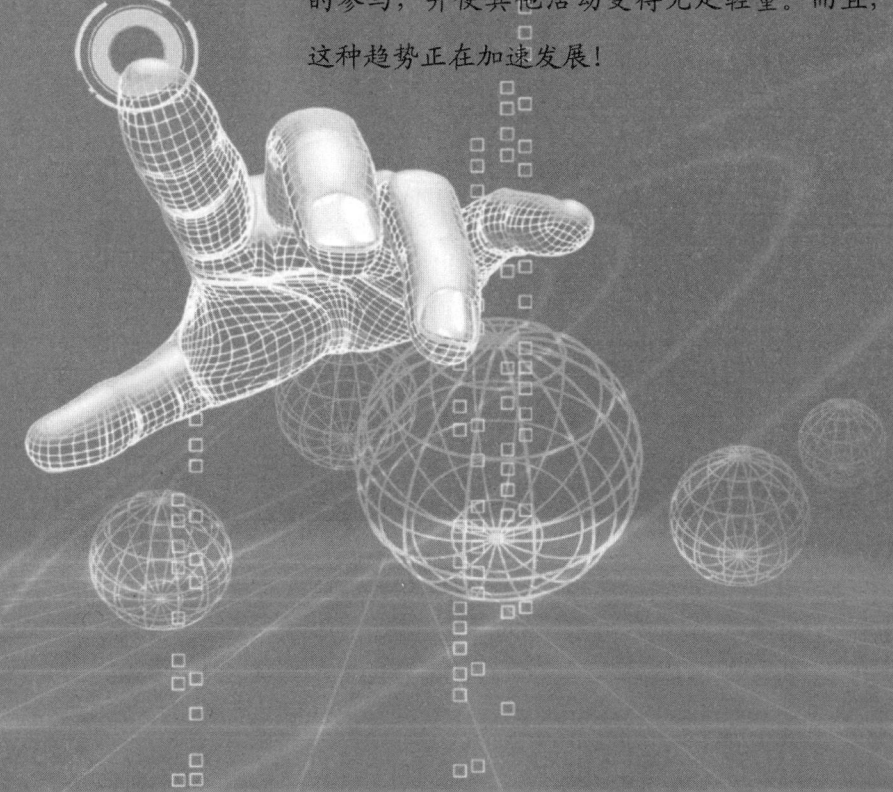

拿破仑的大奖赛

法国大革命之后，在拿破仑入侵埃及时期，有七分之一的水手死于致命的营养不良疾病——坏血病。几千年来，这种疾病一直被旅行者们视为灾难。虽然拿破仑在战场上所向披靡，也无法阻止他的军队被坏血病所侵蚀。海上部队的士兵们只求果腹，不敢奢望丰盛的美食，他们主要的食物是腌肉和生虫的面粉，而地面部队的情况也大同小异。在战场上，要想来回穿梭于敌军的势力范围，保障己方部队的补给，是一项极其艰巨的任务。无论是从坐地起价的商人那里采购食品，还是运用一切必要手段保护钱财补给，都需要巨额的投入。

因此，拿破仑急需一种既能保持食物新鲜和营养不流失，又便于携带的储藏方法。当时的法国是世界主要的农业大国，毕竟，远征军所需的给养在其附属领地上唾手可得。所以，如果这个国家的农民能够为法国士兵生产食物，那拿破仑的权力和势力范围将可以成倍扩张。

第 1 章
游戏化革命的到来

游戏化阅读

寻宝游戏

阅读本章时，请你完成以下问题，并登陆到 http：//gamrev.com 网站的"游戏化革命"APP 应用中参与答案的讨论！你也可以通过本书最后的附录部分的答案来判断你答案的对错。

- ➢ 赢得拿破仑的食品储藏方案大奖的人叫什么名字？
- ➢ 做哪些事情能让麦当劳《大富翁》游戏的玩家赢得游戏？
- ➢ 按本章所述，找到公司们共同的最有力的竞争者是谁？说出它的名字。
- ➢ 根据 2009 年的一项研究，经常玩电脑和／或视频游戏的人群所占的百分比是多少？
- ➢ 据本章所述，所谓的"典型游戏用户"是什么样的人？
- ➢ 常识媒体（CSM）的研究显示，在同一时间使用超过一种科技的人群当中，哪个年龄的群体占有 23% 的比例？
- ➢ 为了把实现驾驭的成长过程以一种有意义的方式带到企业当中，首先应该设计什么？
- ➢ 说出一种在本章中提到的重要的游戏机制。

拿破仑本可以简单地要求其治下的臣民献上对军事行动有益的想法。毕竟纵观历史长河，在任何国家，"爱国"二字在战争时期都是激励人民的有效主题。然而，如果仅仅是出于爱国主义，解决方案的数量和质量都会很有限；即使有了好的想法，拿破仑还要去寻找和指派合适的人选去执行这个方案，这一切都需要耗费时间和金钱，而时间和金钱在战争时期都是极其珍贵的资源。于是，拿破仑做了一件革命性的事情：他组织了一场比赛。

1795年，拿破仑面向法国的中产阶级和科学精英群体悬赏12 000法郎，奖励能够解决食品储藏问题的人。十年之后，61岁的巴黎糕点师尼古拉斯·阿贝尔（Nicolas Appert）呈上了解决方案，并赢得了大奖。他的方法很简单，就是在封闭的容器中加热食物。这项发明与今天使用的罐头食品工艺极其相似。这种方法不仅能够储藏新鲜的水果、肉类和蔬菜，还改变了当时的士兵、水手的命运，最终影响了所有人的生活。

如果没有这个悬赏游戏，阿贝尔或其他人是否依然能发明出罐头食品工艺，我们无从得知。但对拿破仑而言，"食物储藏方案大奖"的提出则是一次令人振奋的成功之举。然而，这个发明对他几年后被击败的军队来说，来得太迟了。200年来，拜安全食品所赐，人类在营养健康方面取得了不可估量的突破，并且得到了前所未有的改善（阿贝尔自己就活到了90多岁）。但是，在获胜者的荣耀背后，大奖赛的真正成功之处在于过程及其产生的附加效益。

> 发掘。大奖赛从意想不到的角度征集成果，创意来自普罗大众，并非只是科学家和学者。这样，增加了比赛获得真正的新方法的可能性。

> 可选择性。在不增加成本的情况下，通过大奖赛提供了大量提案。相比之下，结构化研究每一种可能的方案就需要一定的资金支持。

> 成本套利。因为获胜者通常还会赢得公众的关注及令人瞩目的

身份地位，所以，除了比赛设立的奖品或奖金之外，组织者无需向其支付其他成本。

尽管拿破仑发起的这次大奖赛比"游戏化"一词的出现早了不止一个世纪，但它仍是一个游戏化的成功案例——运用游戏理念和机制与人沟通，进而解决问题。拿破仑发现的恰巧是解决此类问题的完美的游戏化设计方案，因此可以说拿破仑是历史上最早设计出大奖赛的人。人类历史上许多里程碑式的巨大进步，都是经由这种机制产生，比如，1714年确定了经度；1927年首次飞越大西洋；2004年第一次实现私人载人航天等。虽然利用竞赛方式来推动非凡成就的诞生是司空见惯的事，但它其实并不像看起来那么简单，也并非适合每一种情况。

有六种主要的游戏化模式可以推动参与和解决问题，它们既可以单独使用，也可以组合起来运用。这些模式还可以在企业组织的两个重要相关利益群体——顾客和员工中使用。关于游戏化的这六种模式请见表1—1所示。

表1—1　　　　　　　　　游戏化的六种模式

方法	说明
挑战赛	通常是有现金奖励的高调公开的比赛，用于解决复杂的或具有不确定性的特定问题
快速反馈系统	借助快速反馈，比如得分，实时塑造用户行为
模拟与发现	原则上用于教学目的，让用户在游戏中发掘新的点子、模型和方案
身份（或地位）马拉松	是由阶梯式身份（地位）成长和奖励组成的长线体系，绝大部分的客户忠诚方案都采用了这一方法

续表

方法	说明
商业博弈	高度依赖于一套包含了市场和拍卖行的虚拟或真实的经济系统。《大富翁》游戏就是这一模型的最佳案例
表现与表达	这类游戏用于在用户当中促进创造力、个性化和情感满足

当你在足球场边看着孩子们在绿茵场上飞奔时,这是一个"快速反馈"的游戏;当孩子们在学校里学习新知,这是"模拟与发现"游戏;当你在社交网站上,等待有人给你点"赞"、发表回复或增加新的粉丝时,你就沉浸在一个"身份(地位)马拉松"游戏当中,从职业发展(升职加薪)、宗教(从天主教的执事到神父的等级称谓的变化)、政治(从议员到总统),在这些游戏化的体系中,都是以"身份(地位)马拉松"为核心的;航空公司的里程会员在挣取"里程点数"这一虚拟货币时,则是在玩一个"商业博弈"游戏;从公司经理到学校的校长,当他们在互联网上设立问答社区时,则是通过"表现与表达"的方法来吸引他人。

如你所见,这些游戏化模式在我们身边随处可见,且历史悠久,并不是什么新鲜玩意儿。不管怎样,人们通过开发新的架构、技术和设计模式,来使游戏化变得可以衡量和切实有效。尽管这些手段都很有用,但推动参与的关键还在于要知道何时以及如何正确运用它们。从根本上来讲,要根据对象定制相匹配的游戏化方案。

第 1 章
游戏化革命的到来

获得越来越多的受众

为了获取更多的顾客,麦当劳于 1987 年推出了如今已家喻户晓的《大富翁》游戏。在其一年一度的促销活动期间,顾客购买特定餐点,就能获得与帕克兄弟棋盘游戏相对应的游戏卡片。在点超值套餐时,点得越多,赢取卡片的机会就越大。

> **什么是互动**
>
> 对不同的人来讲,互动的含义不尽相同,但以下这些指标能够通过可量化的方式来说明其意义。
>
> - 回头率。用户最后一次来访是多久以前?
> - 频度。用户通常隔多久来访?
> - 停留。用户来访会停留多长时间?
> - 传播。用户会向多少人提及你的品牌和产品?
> - 评价。当直接问及用户时,他们会为所得到的体验打几分?
> - 了解。如果向用户询问,会有多少人知道关联的产品和品牌?
>
> 这些指标的重要程度主要取决于你的用户和市场关注点。例如,对于一个内部 ERP 系统来说,活跃度相对而言可能就显得不重要,但对于面向顾客的消费者获取活动而言就非常重要了。不论标志着商业成功的指标有哪些,在执行任何游戏化方案之前,最重要的是了解你的基准和目标。这些指标是什么,如何收集它们,对企业而言,它们意味着什么——你成功的可能性与团队就这些指标达成的共识是成正比的。

《大富翁》游戏是麦当劳每年最大的促销计划,也是整个快餐服务业最大的促销活动。这个游戏为参与其中的人们所带来的乐趣,不仅仅是每次消费时都马上有机会赢取奖励,还有鼓励人们成套地收集卡片实现成为"地产大亨"的长期目标。这个游戏的终极目标是让人们赢得难度更高的大奖,包括旅游和汽车等奖品,还有100万美元的大奖。

为了收集地产卡,狂热的顾客们不仅跑遍附近所有的麦当劳餐厅,甚至还长途奔袭到别的城市和州。而且,与平时相比,一些人还为了获得大量地产卡,光顾麦当劳餐厅的次数更频繁了,要的餐点也更多了。他们坦承即使吃不了,也会点更多的食物。也就是说,为了达成游戏目的,他们花钱买了自己原本就打算丢弃的食物。当时,有无数的文章还纷纷剖析了制胜攻略,为消费者赢取最想要的地产卡提供指导。2003年,麦当劳的这个游戏被搬到了网上,从而带来了更大的黏性。2008年,添脉司市场营销咨询公司(Marketing Store)副总裁克里斯·赫斯(Chris Hess)在接受《促销》杂志(Promo Magazine)采访时说:"我们发现,当人们玩在线大富翁游戏时,在一定程度上的消费者参与,会促使他们不断回来继续玩游戏。"

《大富翁》游戏这个面向消费者的最成功且历史悠久的游戏化促销计划,是游戏化带来令人叹为观止的用户参与的绝佳案例。它满足了消费者对发现的渴望(寻找下一个地产卡),从虚拟物品中创造了价值和利益(虽然虚拟地产的交易违背了游戏规则,但这个现象并不少见)。麦当劳的《大富翁》游戏驱使大量消费者光顾麦当劳餐厅,促进了人们的消费。官方数据显示,2011年第四季度,单月同店利润增长要归功于这个促销活动。这就意味着在超过60天的促销期间,《大富翁》游戏为麦当劳增加了差不多 3.5 亿美元的收入。

游戏的力量的确是令人叹为观止！

> **《大富翁》不是普通的游戏**
>
> 《大富翁》构思于 1903 年，原本是一款反资本主义的教学工具。作为历史上最受欢迎的游戏之一，在它演变成今天这种形式之前，已经历了无数更迭。虽然这款游戏的创造者的初衷在今天我们所玩到的版本中已基本上荡然无存，但其"一人获胜，众人破产"的游戏目标背后的设计理念，在今天更具现实意义。
>
> 就是这样一款桌面游戏，被翻译成了数十种语言，无处不在，令无数人为之兴奋、痴迷。同时，它也是一个可用于教学的强大工具。全国性大富翁排名赛的玩家蒂姆·范登堡（Tim Vandenberg）在其位于加利福尼亚州内陆帝国（Inland Empire）的小学里，使用《大富翁》游戏帮助小学生提高数学成绩，取得了非常好的效果。

从 19 世纪拿破仑的食物储藏方案大奖赛，到 21 世纪麦当劳的《大富翁》游戏促销活动，这些都是游戏化的解决方案。这两个故事以及本书后面章节将提及的案例，无不在预示着游戏化革命的到来，即用游戏的力量构建未来的企业。通过学习已经涉足游戏化并取得初步成果的领先企业、组织和政府机构的案例，我们将看到，通过游戏化改造战略过程，能够在推进客户忠诚计划和团体建设方面，提高员工参与、创新和健康状况，更好地推动公司各方面业务的发展。

游戏正在改变一切

普莱姆·沙阿（Premal Shah）是专门帮助发展中国家促进小额贷款业务的非营利机构 Kiva 公司的首席执行官。当他被问及其最大的竞争者是谁时，普莱姆·沙阿的回答很简单："Zynga。"当你在 iPad 上启动 APP 应用《填字接龙》（Words With Friends）时，就能看到 Zynga 这个名字。正是这家公司，在社交网络和移动设备上彻底改变了社交休闲这一类型的游戏。但是，问题来了，除非 Kiva 另辟蹊径，打算发布一款基于社交网络的大型借贷游戏，或者开发某种足球经理游戏，否则当面对社交游戏开发商 Zynga 时，Kiva 公司就会感到如临大敌。

其实，按照普莱姆·沙阿的理解，Zynga 还不仅仅是 Kiva 最大的竞争对手，而是所有公司的竞争对手。

除了 Zynga，还有宝开（Popcap）、Gameloft、QQ 和其他无数如日中天的社交游戏明星企业，甚至整个游戏行业，都是不可小觑的对手。小到在会议间隙偷玩几局的休闲游戏（如《俄罗斯方块》，或前面提到的《填字接龙》），大到在家紧握游戏手柄彻夜沉迷于《魔兽世界》（Would of Warcraft）这样的大型网络游戏，以及在人气十足的暴力游戏《使命召唤》（Call of Duty）中厮杀，玩游戏已经是一种迅速传播的时尚，而且游戏人群也在不断增长。当人们专注于如何在游戏当中获得积分、赢得比赛和提升排名时，他们是不会在意你的品牌或产品的。

更重要的是，以《愤怒的小鸟》（Angry Birds）、《割绳子》（Cut the

Rope）和《翼飞冲天》（*Tiny Wings*）为代表的移动游戏，正在迅速取代家用游戏机和大型网络游戏的地位，成为业界新的王者。MocoSpace最近的一项调查显示：80%的社交游戏用户选择在上班途中或等人的时候玩游戏，在家里玩游戏的人数则多达96%，他们窝在沙发里玩，躺在床上玩，几乎无处不玩。2009年，调查机构TNS Global表示，包括美国在内的西方国家中，经常玩游戏（包括电脑或家用机游戏）的人群占总人口的60%。这个拥有数千万人并且还在不断增长的群体，正在改变我们对游戏和游戏玩家的理解，他们也期望获得更多类似于游戏的体验。

无论你是如何理解游戏的，也不管Zynga这样的游戏开发商的未来将如何，游戏业的核心成就是毋庸置疑的——游戏驱动了大量用户的参与，并使其他活动变得无足轻重。而且，这种趋势正在加速发展！

你的顾客们正在改变

2012年，有限电视（Cable Vision）纽约分公司——有线网络提供商最佳在线（Optimum）播出了一则电视广告，内容是一家三代人通过最佳在线提供的优质服务实现联系。在这则广告里，正在读大学的儿子抱怨在网络填字游戏中输给了祖母，他的母亲则露出好气又好笑的表情，讲述为了让儿子的祖母学会上网，自己是如何地费尽心机却一直毫无进展，直到老人家玩上了网络游戏。广告的最后，这位精力充沛的祖母现身说法：在接触游戏之前，学习如何上网对她而言，简直就是毫无吸引力的事情。

虽然老祖母们或许还不是游戏最主要的群体，但他们的人数正在稳步增长。2012年底，休闲游戏的领导者宝开公司委托进行的一项研究揭示了这样一个事实：典型的游戏用户已经不再是13~34岁的男性，而是43岁的女性。这从我们身边日益增多的女性游戏用户就可以看出来。在快速增长的移动游戏领域，也同样如此。移动产业分析机构Flurry发现，在移动游戏用户当中，有53%是女性，而且她们比男性更热衷于游戏，平均每天玩游戏多达三次。

越来越多的人玩游戏的现象引发了一个更大的话题——游戏人口的长期变化正在推动我们走向一个更加游戏化的未来。实际上，随着越来越多的女性和老年人开始玩游戏，我们也可以在他们当中做一些游戏以外的事情。年轻人则不只是在玩游戏，其实，他们的生活已经和游戏密不可分了，正是这些行为的根本性改变，自然而然地带来了游戏化的潮流。

游戏伴随着今天每一个孩子的成长

雷米是一个12岁的孩子，有着这个年龄孩子典型的身高、外表和气质，像他这样的孩子在大街上随处可见，没有什么特别之处。但就是他，在没有接受过任何培训和指导的情况下，就能够驾驶一架商业客机平安降落！

第 1 章
游戏化革命的到来

由于拍摄电视剧《飞行家》(The Aviator)的需要,雷米被带到了一个专业的飞行模拟机构。在经过极其简短的说明之后,他被要求在没有自动驾驶仪协助的情况下,仅靠目测飞行条件控制一架波音 737 客机在洛杉矶机场做一次模拟降落。在现实当中,这是拥有上万小时丰富经验的资深飞行员才能做到的。然而,仅仅几分钟,没有经过任何培训,雷米就把飞机稳稳当当地降落到了世界上最繁忙的机场的停机坪上。

对于我们这些经常乘坐飞机的人而言,这简直就是一个令人瞠目结舌的故事。一个孩子是如何在毫无经验的情况下完成了对成年人而言都极具挑战性的事情的?驾驶飞机真的那么简单吗?飞行模拟机构的负责人在与一旁的制作人交谈时道出了其中的原委:"他们(指年轻人)之所以能够这么迅速地掌握飞行技巧,是因为他们拥有玩电脑和视频游戏的经验,这对他们而言,早已是得心应手的事情了。"

游戏伴随着今天的每一个孩子的成长,这个现实正在深刻改变着他们的思想和这个世界。在他们学会说话之前,他们就已经在学习如何运用科技了,大多数情况下就是通过游戏来学会的。而当 iPad 以及其他移动科技出现之后,这股酝酿已久的潮流就势不可挡地爆发出来了。儿童权益倡导组织常识媒体(Common Sense Media,CSM)的调查显示,有高达 70% 的父母会让他们的孩子使用移动设备。在 2010 年,8 岁以下的孩子中有 38%[①]的人曾经使用过智能手机或平板电脑,其中有 10% 是 1 岁以下的孩子。无论你是

---

① CSM 的最新调查结果显示,2013 年 0～8 岁儿童当中使用移动设备的比例已经达到 72%。——译者注

否赞同这些家长的做法，但都不得不面对这样一个现实：我们未来的员工与客户这就是在这样的环境中成长起来的。所以，现在无疑就是涉足游戏的最佳时机！

在 2007 年苹果公司发布第一台 iPhone 之前，这种趋势已经因孩子和游戏之间的紧密联系而建立起来。游戏和移动科技的无处不在，使今天的孩子比以往更聪明，更善于协同工作和一心多用。同样，在 CSM 的研究中显示，5 至 8 岁的孩子中有 23% 使用超过一种科技手段。这意味着，等到这些孩子长大成人，与他们的长辈们相比，他们需要更多的激励和令人兴奋的东西。因此不论我们是否做好准备，孩子们不断发展的思维加上这种与生俱来的需求，将改变这个世界。

基于上述改变，为今天的孩子，即明天的成年人，提供更加深层次且更具意义的互动性产品将成为一种趋势。他们会通过娱乐和参与的方式来寻找这种互动性，而游戏以及游戏机制对他们而言，已是家常便饭，并非是什么格格不入的事物。这便是我们要为他们提供的，如果不给，那你就等着瞧，他们在别的地方也能找到。像雷米这样聪明伶俐的孩子，我们是无法阻止他们的。

隔绝繁复市场信息的噪声

就像世界上最眼花缭乱的地方一样，企业与顾客的互动变得越来越难。像以往只在时代广场、涩谷、皮卡迪利马戏团这些公共场合才能看到的闪烁灯光、刺耳音响以及充满诱惑力的广告，如今无处不在。它们会出现在手机和电脑上，充斥在我们的耳朵里。当然，别忘了还有来自日常工作、学习和家庭生活当中的各种噪声！随着干扰的不断增加，你的战略挑战不再是和竞争对手比赛谁的嗓门大，而是要建立一个封闭的环境来隔绝干扰，使员工和顾客能够听到你的声音，知道你的需求，以及如何实现共赢。在这一点上，游戏化无疑是最佳的选择。

论制作游戏的能力，你无法与Zynga、Rovio、宝开和暴雪等相提并论。所以，企业制胜的最佳方法不是和游戏公司们一较高下，而是要从游戏、忠诚度计划和行为经济学当中提取最好的元素，将它们与你的品牌中最强的部分结合起来。

你要做的，不是去开发游戏，而是让游戏为企业所用，为企业服务。

游戏化设计的核心元素——驾驭

出色的游戏化体验，比如那些优秀的游戏，都在构建循序渐进的过程和营造驾驭的感受方面花了很大力气。减肥中心（Weight Watchers）和嗜酒者互戒会（Alcoholics Anonymous）在这方面就做得不错，前者采用了食物分值系统①，后者则运用了关卡和勋章。不论你是否注意到，其实我们玩过的大部分游戏都是把熟能生巧作为其价

---

① 每种食物按其所含脂肪量和热量，被赋予分值。例如，去皮鸡胸肉的分值为3，一个鸡蛋的分值为2。——译者注

值主张的核心。

虽然很容易被混淆，但赢得游戏和驾驭游戏的含义是不同的。赢得游戏实际上与达成目标相关，而熟能生巧则是指在稳定一致的过程中获取知识和展现技巧。换句话说，熟能生巧是持续改进和进步的过程，赢得游戏则是一个结果。只有少部分人能够赢得游戏，但能做到驾驭游戏的人还是不少的，因此，把注意力集中于后者有可能为更多的员工和顾客带来更加持久的幸福感。

为了把实现驾驭的成长过程以一种有意义的方式植入企业经营中，你需要设计以下关键机制：

- 建立目标；
- 设定通向目标的里程碑。例如，关卡；
- 不断鼓励进步。典型做法就是得分系统；
- 社交联系；
- 合理的难度提升；
- 用于保持兴趣的分支任务和差异化体验。

这些机制是许多出色的游戏和游戏化设计的基本元素，详见图1—1。现在思考一下你的整个组织结构能够做得如何？尽管每位员工最终不可能都成为首席执行官，但新员工们是否知道他们的职业发展目标？是否有一个合理的难度提升过程？你的企业是否很好地记录了整个过程？

第 1 章
游戏化革命的到来

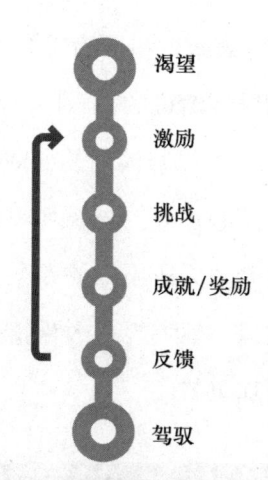

渴望
激励
挑战
成就/奖励
反馈
驾驭

图 1—1　出色的游戏和游戏化设计的基本元素

* 如果想从推动用户到驾驭用户，你需要构建起能够让用户经历上述六个步骤的游戏化体系。

绝大部分企业并没有在他们的整体环境中引入这样的游戏理念和设计原则。然而，有一些企业已经通过不同的游戏化手段整合了从入门到精通的驾驭过程，彻底反思了他们的工作环境，并推动了前所未有的出色表现。

企业家兼游戏设计师拉夫·科斯特（Raph Koster）在其重要著作《快乐之道》（*A Theory of Fun*）中指出，驾驭是使一个游戏好玩的首要因素。游戏设计专家妮可·拉扎罗（Nicole Lazzaro）在她的开创性研究成果《产生乐趣的 4 个关键》（*4 Keys 2 Fun*）中扩展了这一理论。妮可指出，驾驭（或以她的说法，是"困难的乐趣"）是优秀游戏设计的重要组成部分。用户越是能够熟练地驾驭游戏，就越能因此获得更多奖励，这种刺激反过来又能够激发用户不断提升自己的技巧，这样的机制起到了巨大的推动作用。

在《宝石迷阵》（*Bejeweled*）和《愤怒的小鸟》这类递进学习曲线的游戏中，我们可以看到循序渐进的从入门到精通的驾驭过程：用户不断重复简单而有趣的操作，以提升他们的游戏技巧（见图1—2）。可以这么说，这类游戏是通过精心设计的一系列关卡逐步提升训练难度和娱乐体验，把用户从菜鸟培养成无所不知的专家。用户通过完成这些关卡取得进步，达成一定的结果，他们投入大量精力和金钱所带来的游戏体验也随之变得更有趣且更加重要。

图1—2 《宝石迷阵》游戏界面

* 在该游戏中，玩家必须通过获得多种类型的宝石来得到最高积分。游戏看似很简单，但这些诸如驾驭、挑战、积分以及晋升的驱动设置最终都很好地转化为用户最大程度的参与。

第 1 章
游戏化革命的到来

游戏化是什么

当不同规模和类型的政府机构、公司及各种组织开始拥抱游戏化思维和机制时，他们就能更好地吸引受众，消除杂音，推动创新，并最终带来收益。

这个在商业中融入游戏及其策略的过程，被称为"游戏化"。通过运用游戏化，你可以建立一种能够提供内在意义和引发员工与顾客积极性的体验。游戏化的设计利用游戏设计、忠诚度计划、行为经济学中的优势，以解决关键性的问题，并促进互动。

游戏机制是组成游戏的基础，包括点数、勋章（成就）、等级、排行榜和奖励。整合这些元素，为用户提供了一个从入门到精通的驾驭体系。换句话说，这些元素是标志着用户在游戏中步步制胜的里程碑。游戏化是通过内部激励和外部刺激，在一个广泛的范围内寻找并提供乐趣和享受。下面是对游戏化的关键机制的基本描述。

点数

点数被用来监测用户行为、记录成绩和提供反馈。从人们广为熟知的信用卡消费积分，到学区技术防范体系，存在着许多不同的点数系统［本书后面会提到美国教育部的游戏化成功案例《攀越巅峰》（*Reach to the Top*）］。点数用途广泛，比较典型的有下列五种：

➤ 经验值（XP）。经验值用于记录用户的整个体验过程；

➤ 可兑换点数（Redeemable）。可兑换点数是用户在游戏中可以挣到或兑换到的虚拟货币；
- ➤ 声望值（Reputation）。声望值与在交易中累积信用评分类似，有助于用户在游戏中建立声誉；
- ➤ 技能值（skill）。技能值用于表示用户某种特定能力的数值；
- ➤ 道德值（Karma）。在游戏中做好事就能得到，是不可兑换的点数。①

使用合理的点数系统来发挥正确的作用，是一项极富挑战性的工作。本质上，所有的游戏化系统一开始都会使用经验值系统。因为即便没有虚拟货币，经验值仍能帮助记录用户行为并提供反馈。经验值与其他点数系统的基本作用，其实都来自人们对于保持分数和分享反馈的内在欲望，它们是塑造用户行为的重要的游戏化工具。

勋章

勋章（成就）通常用来作为用户达成某一特定目标结果的体现。在游戏设计中，勋章和奖杯以及其他用于表示完成度的符号，都归于"成就"的范畴当中。勋章是比现代技术更早普及于军队、女童子军以及其他各种组织中的游戏化元素。获得勋章能够让用户体会到成功和成就感，由此产生游戏化系统与用户之间沟通的触点，让用户欲罢不能，促使他们不断回到游戏当中。勋章系统之所以吸引人，其原因就在与此。

---

① 实际上，道德值和声望值相近，但大部分游戏只采用了声望值。在游戏《辐射3》（Fallout）当中设计有道德值（Karma），玩家在游戏当中做好事会得到道德值，做坏事就会被扣除，以此记录玩家角色的善恶倾向。——译者注

此外，由于勋章的存在，用户拥有了向别人炫耀的资本，并且通过勋章记录他们在游戏中的作为。其中，一部分用户表现出强烈的收集欲，他们一有机会就会建立和完成一整套勋章（成就）的收集。

无论你选择了哪种勋章模型，都要认真设计，并通过它使用户对游戏化系统的接受程度和兴趣最大化。

等级

等级是用户进步的结构层次，通常以渐进的数值和一定的价值标准来表示，如铜、银、金。在给定的系统中（例如从学士、硕士到博士的学历提升系统），等级以简单快速的方式呈现用户的成绩，它的存在让用户感受到自己的进步，由此获得成就感。

显然，等级和勋章（成就）的性质和作用有着某种程度的重叠。因此，有些游戏系统便只采用勋章，而没有等级；或反其道而行之。然而，在设计像职场的层级体系等包含大量内在结构的系统时，等级和勋章（成就）都是非常有用的工具。

排行榜

排行榜也被理解为积分榜，通过从高分到低分的降序方式依次列出用户的排名。在我们的文化当中，排行榜是人们习以为常的事物，能够让用户迅速明确地理解排名情况，形成有力的刺激。但是，当排行榜只显示前 10 名或前 20 名用户时，会产生反作用，使排名靠后或刚进入游戏的新手觉得这个系统缺乏成长的空间，以至于少了继续玩下去的动力。

因为用户不知道他们要付出多少努力和时间才能获得成功，而随着游戏化的系统越来越复杂，这个问题会变得越发明显。所以，如今许多出色的排行榜的设计都融入了社交性和相关性，通常的做法是把用户显示在排名的中间（而不是他们实际的位置），与他们的好友和相关用户放在一起，这样的设计让用户感到自己的排位有提升的可能，使他们更愿意继续留在游戏当中反复参与。另一方面，对于喜欢组队的重度玩家来说，则更适用简单直接的排行榜，可以激发他们本身就具有的强烈的竞争意识。

奖励

毫无疑问，奖励在游戏化系统当中是最重要也是最受关注的元素之一。从广义上讲，可以把奖励分为内部和外部两种，即有内在自发产生的奖励和外部提供的奖励。一个优秀的游戏化系统要设计一套能够在合理利用外部压力的同时，激发用户内在欲望的奖励机制。

我们可以用 SAPS 模型来清晰地理解奖励系统中的内涵：

- 身份地位（Status）。利用如称号和不同的颜色等来标注用户等级；
- 待遇（Access）。提供独一无二的互动机会，比如与公司的首席执行官共进午餐，或得到某位名人的亲笔签名；
- 权力（Power）。在虚拟或现实当中拥有可以控制他人的能力，比如，成为团队的领导者；
- 物质（Stuff）。免费提供一些物质奖励，比如奖品、现金或礼品卡。

上述这些可能的奖励选择，是按照从最重要到最不重要、最具黏性到黏性最弱、代价最低到最高的顺序排列的，在给予用户时也应该如此。这种方式的好处在于极大地减少了奖励方案的硬性成本。虽然一般标准的奖励系统都会提供现金和物质奖励，但游戏化更多的是依靠心理和虚拟奖励来驱动有意义的行为。在本书介绍的许多取得巨大成功的游戏化案例中，你将会看到，它们都只使用了极少现金，或甚至根本没有任何金钱刺激，关键就是要在员工、企业和游戏化系统之间建立默契。

游戏化不是什么

正如我们将看到的，游戏化所包含的元素实际上不仅仅是点数和勋章机制。但是，与理解"游戏化是什么"同样重要的是，我们要搞清楚"游戏化不是什么"。

首先，游戏化不是简单地把游戏机制套用到我们所面临的问题上，并期望它能改进员工和客户的互动。反之，你必须进行深思熟虑的设计，将其变成一种有意义的体验；其次，游戏化的作用并非只是为用户带来新奇酷炫的虚拟奖励。奖励虽然是重要的元素，但并非游戏化的全部；最后，游戏化并不是要把所有事物都变成游戏。我们只需利用游戏中好的创意和机制来获得想要达成的效果，而非沉迷于游戏中，本书将充分说明这个道理。因此，请放心，你完全不必通过任何激进的行为（比如，把公司餐厅改建成激光枪射击场）来创造乐趣和互动，有很多方法可供选择。

让我们把对企业、体系或流程的游戏化看作是在蛋糕上裱花，如果底层的蛋糕不好吃，即使撒满糖粉也无济于事。游戏化和整个互动层是必不可少的要素，作为蛋糕的表层，它们的作用是吸引别人来品尝。但是，如果蛋糕的味道很糟糕，人们是绝对不会伸手去拿第二块的；而如果裱花做得不好，没有为美味的蛋糕增色，人们品尝的时候也不会那么兴高采烈。所以，关键就在于要把蛋糕和裱花都做好，让它们完美地整合在一起。

需要强调的是，游戏并不只是获胜那么简单，游戏化的主要目的也并非仅仅是让用户成为"赢家"。看看那些广受欢迎的大型网络游戏，如《魔兽世界》《最终幻想 XI》（*Final Fantasy XI*）或《开心农场》（《开心农场》是 2011 年最流行的在线游戏，拥有超过 1 200 万用户）。网络游戏用户在其中耗费的平均时间为每周 21 小时。在这些游戏里面，包含了各种各样的目标，"打败领先者"并不是它们唯一的目的。实际上，当与人交流成为产生娱乐享受的主要来源时，一味地追求获胜反而会让人觉得很扫兴。因此，游戏化所追求的是开发出具有长久生命力的、稳定持续的玩法，让用户不断地沉浸在愉快和有趣的体验当中。

做好游戏化变革的准备

利用在本书中学到的知识，通过实施一个或更多的游戏化策略，你可以提升公司在员工和顾客心目中的价值，使你的企业一跃成为改变世界的顶级精英企业之一。在当今几乎人人渴望被关注的文化环境中，你将在人才、顾客以及互动的竞争中获得主动权。在接下来的章节中，我们将要说明成功者是如何运用游戏化，克服挑战，打造世界级企业和人际关系的。

从现在开始，要在新环境中为你的企业创造茁壮成长的机会。下列基本共识将有助于促进这种转变：

1. 明确成功的关键是鼓励互动；
2. 坚信长期的互动需要通过投入更多的时间和努力来维系；
3. 要走在顾客的前面，而不是紧跟他们的钱袋；
4. 秉持员工即顾客的理念。

在此基础之上，本书当中的各种经验将帮助你在员工和顾客中间创造、保持和提升竞争优势。虽然绝大部分游戏化变革的案例都始于非常谨慎的目标，但渐渐地，游戏化变成了企业战略性的思考。为了让你的企业为迎接市场的未来变化做好准备，并且充分运用游戏化的优势，现在最重要的是要开发一种可行的策略。

THE GAMIFICATION REVOLUTION

第 2 章
用游戏化重构企业未来的新型战略

理解互动的重要性；给用户想要的东西；一切以用户为中心；聘请首席互动官；拥抱已经成熟的游戏，这一切都是顶级企业所采用的最先进的游戏化策略。但是，游戏化的力量所产生的结果必须是可衡量的，否则这股潮流难以持续。

干掉汽车工业的杀手——社交网络

在过去，孩子们一到16岁就迫不及待地想要独自驾驶汽车。一张小小的驾照，仿佛就是一种象征，拿到驾照就意味着自己已经成人，可以肆无忌惮地大声放音乐，甚至摆脱父母的束缚来一场说走就走的自由远行。边缘联盟（Frontier Group）和美国公众利益研究机构（U.S. PIRG）的数据显示，从2001年到2010年的十年间，年轻人驾驶汽车的行驶里程总数减少了23%，20%的年轻人没有驾照，这个群体在可申领驾照的适龄人口中的比例超过25%。

当然，开车依然是人们随心所欲自由出行的选择，这种便利的优势没有任何变化。然而，年轻人却并不愿意自己开车。导致这一变化的原因有很多，包括不断提升的环境与城市意识以及更加便捷的公共交通系统。但是，对私人乘用车行业的研究数据解释了这一问题背后的真正原因，那就是开车一点都不好玩。

> **游戏化阅读**
>
> 问题与答案
>
> 用一个词回答本章所有"游戏化阅读"中的问题，并将所有的词输入"游戏化革命"APP应用中（你可登陆http：//gamrev.com下载该应用），去获得你的成就和辅助资料的解锁。你也可以从本书附录部分中的解答判断你的答案的对错。

一直以来，对于年轻人而言，开车的目的就是四处走动，拜访好友，与他们的社交圈子保持联系。然而，如今的年轻人完全可以通过社交媒体、网络游戏、电子商务平台等数字化渠道与朋友们互动，并以此取代面对面的交流，不再需要借助汽车到处奔走。数字化的沟通手段，不仅更环保、更便宜，而且更快捷、更频繁（想象一下我们在10分钟里可能获得的留言与评论的数量）。同时，如果有人在开车时一心多用，他们的父母和同伴都会阻止他们的这种行为，搞不好甚至会被警察罚款，这就意味着在开车时必须专心致志，不能把玩手机、发短信或访问社交网站，当然，更不能玩游戏了。即便智能手机因为接收到不同的Twitter消息在身边不时嗡嗡作响，等待着被查看和处理，驾驶人也必须把注意力集中在前方的道路上。因此，事实证明，与社交媒体和游戏相比，开车不仅毫无乐趣，实际上还产生了时间使用上的冲突。

当涉及公众安全时，杜绝驾驶员一心多用就显得非常重要了。据美国交通部调查发现，开车时发送短信会使发生意外的风险增加23倍！年轻司机本身就缺乏驾车经验，加上注意力不集中，在开车时发生交通意外的概率更高。只要有合适的人驾驶车辆，越来越多的年轻人更愿意在一旁玩游戏，而不是手握方向盘。慢慢地，可能不会再有人认为开车是一件很酷的事情。

在杜绝一心多用以确保安全驾驶的过程中，汽车这个重要的交通工具在社会力量的影响下，可能会变得不再具有吸引力。与此同时，如果这些让人分心的社交化和游戏化的选择能不断地提高质量，更容易获取，对用户更加重要的话，那么，长此以往，这种变化将会对汽车工业产生怎样的影响呢？

在过去的50年里，汽车生产商必须面对许多挑战，包括人们不断提升的对于安全性和环境保护的重视、高昂的制造成本以及激烈的海外竞争。在应对这些挑战时，他们总是可以指望借由大众对汽车的稳定需求来保障收益。如今，由于互动领域游戏化的变革，也许在将来，人们热衷的会是Facebook和《虚拟农场》，而不是福特汽车。我们的生活、城市和社会将会产生怎样的变化呢？或许汽车工业面对这样的变化，更迫切的问题是该如何应对？

面对上述变化，如果想通过游戏和游戏化推动人们行为和竞争力的战略性转变，则需要一个新型的组织来思考这个问题。仅仅提供一次性抽奖或"本月明星员工"评选（虽然这两种手段都有它们的市场）是不足以应对人们注意力分散所带来的挑战和机遇的。为了赢得竞争并在新的形势下确立企业的优势地位，必须自上而下地把游戏化全面渗透到整个公司当中去。

简言之，此时企业需要的是一个全新的战略。

虽然汽车工业还没有解决他们所面临的问题，但已经开始利用游戏化来采取具体的针对性措施了。本田、丰田、日产和福特等汽车公司已经开发出了嵌入式体验，充分利用游戏化的作用，以全新的环保和安全的方法吸引更多用户的关注。例如，福特公司运用"虚拟宠物"（或电子宠物鸡）的游戏概念，把开车变成一件有趣的事情。在该公司的福克斯和蒙迪欧混合动力车型中，当驾驶者做出对生态无害的行为，比如通过控制车速节省汽油时，车内就会长出绿油油的虚拟植物。这株虚拟植物对驾驶者开车行驶的每一公里路程都给出了反馈和正面鼓励。

日产尼桑汽车的叶子车型（The Nissan Leaf）则在此概念上走得更远，驾驶者们能够通过 Facebook 互相比赛，看谁做得最好、更安全、更环保。图 2—1 是叶子车型的操控界面，它能够使驾驶者们与其他人比较各自的驾驶习惯是否更具安全性与节能环保。日产汽车通过叶子车型提供挑战和反馈，使驾驶者的驾驶行为变得更好，同时让他们自己也为之自豪。这类创新设计是汽车工业走出的正确的第一步，随着在游戏化领域的进一步投入，无法想象汽车厂商们将会如何重塑驾驶体验。

图 2—1　尼桑叶子车型的操控界面

通向游戏化的战略方法

从像嵌入式游戏的创新型产品理念到完全以游戏为基础的项目和商业模式,我们看到了汽车工业当中那些睿智的企业及其超越者们正在开发以游戏化为重点的战略,以帮助企业适应不断变化的环境,保持公司的持续增长。一些公司刚刚起步,而另一些公司则已经利用游戏化重振或加速了公司业务的发展。无论何种情况,都显示出游戏化对于企业的战略价值的重要性。一些创意十足的尝试正以前所未有的速度推动着许多企业战略愿景的实现。

当然,在游戏化策略方面取得成功的企业案例当中,我们还是可以发现其中一些可遵循的方法。这些方法如下:

第 2 章
用游戏化重构企业未来的新型战略

- 以用户为中心；
- 聘请一位首席互动官；
- 给予用户所想要的；
- 把互动作为首要工作；
- 清楚游戏的重要性；
- 建立以追求卓越和创新的跨部分合作。

现在，让我们一起来深入探究这些游戏化的战略方法。

以用户为中心

2004年，易趣公司在其首席执行官梅格·惠特曼（Meg Whitman）的卓越领导下，凭借公司在电子商务领域的支配地位，成为当时互联网行业的巨擘之一。然而，由于惠特曼提高收费的做法挤压了商家的利润，招致了众人的怨声载道。2005年，易趣花26亿美元收购了Skype。

到2008年底，易趣的股价却从最高点狂跌近80%，跌入水深火热的境地。分析师们纷纷质疑，在昏招频出的情况下，这家公司还能维系多久。

就在华尔街认为易趣的颓势已无法挽回的时候，这家互联网巨头却在2012年实现了华丽逆转，让众人大跌眼镜。这一年的第二季度，易趣的盈利创造了历史纪录，其主要得益于其移动业务的成功和全新的支付系统。即便是被认为"回天无力"的在线拍卖交易业务也创造了63亿美元的销售规模，是自2006年以来最好的一个季度。

虽然易趣在这些年创造的杰出业绩要归功于它的 PayPal 部门和移动部门，但很少有人知道，易趣之所以能够取得如此非凡的成就，其幕后功臣则是围绕以用户为导向设计的重新定位。

易趣的 EPIC 设计中心（EPIC Design Lab）的主管马特·麦克劳林（Matt Maclaurin）告诉我们，易趣所做的最重要的决策就是将用户需求置于企业目标之上。这意味着，为了把娱乐变成巨大的生意，就必须向游戏行业当中的明星企业如 Rockstar[《侠盗猎车手》（Grand Theft Auto）系列开发商及发行商] 借鉴大量的理念和经验，其中的理念之一就是：要组建一个团队，运用高度灵活的工具，快捷地设计、开发和执行具有一定规模的、以用户为导向的项目。

在游戏公司里，团队的组成通常是为了完成一个特定游戏项目的开发。团队内汇集了游戏设计师、程序员、项目经理和商业顾问等，这样的组合能够快速解决问题。团队之所以是临时性的，是为了在解决问题的过程中发挥出创造性和灵活性。根据不同的需要，来自不同团队的人员汇集在一起，完成一个个不同的项目，公司给予其强大的设计工具和后勤保障，使团队能够事半功倍地完成工作。

对于易趣来说，之所以能够实现这种结构性的设计转变，是因为游戏化的概念早已深植于这家公司的基因之中。毕竟，易趣所提供的网络购物服务的核心是在线拍卖，这本身就是一种游戏化的体验。易趣的评分体系就是一个极具说服力的游戏化案例，根据消费者的行为（如重复购买、增加购买量等），用评分的变化来说明商家的可信度。通过游戏设计师的工作，这个机制能够让在线市场自我监管，并且诚实可信，避免了在早期完全免费的互联网环境中，因为某些人的不诚信行为而使易趣的发展受阻。

游戏化阅读

用一个词回答：易趣的评分体系反映了商家的哪些方面信息？

为了在交易双方之间建立信任，易趣创造了一个庞大的信用体系。通过让消费者对商家的行为、产品情况、服务效率进行评价，系统收集并计算这些数据，使消费者在不同商家的每一次购物体验都可以被直接评分和分级。这个体系驱使商家不断争取更多的好评，来帮助他们招揽生意，提升销量。

易趣公司内部的招聘计划也非常依赖于游戏，公司积极引进来自游戏和游戏化领域的人才来担任内部的各种职位，这让易趣在探索游戏化的互动方面具备了非常大的优势，并引起了其他企业的关注。

首席互动官

像易趣这样聪明的企业很清楚，游戏化跟开发游戏软件是两码事，因此，他们早已把引进游戏化人才作为公司整体团队战略的一部分。不同的行业，包括从金融到软件，从色情产业到快速消费品领域，出于对公司游戏化的需求，使得这些企业不再只是从游戏企业挖人，而更需要找到懂得游戏化的人才。当游戏开始普遍地成为企业文化的重要组成部分时，一个新的职位——首席互动官便应运而生了。

Spigit、Cynergy System、耐克以及其他践行游戏化策略的公司都不约而同地聘请了游戏化专家,以帮助公司精心打造他们的产品和营销方法。更有意思的是,像雅虎、思爱普、美国全国广播公司、易安信(EMC)这些和游戏几乎没有关联的公司居然也聘用了游戏设计师,组建了内部团队,把游戏化的设计与开发作为公司关键性的绩效指标(KPI)。事实上,在本书列举的公司当中,大部分是通过内部团队的推动最终实现其目标的。

虽然许多首席互动官(在不同的公司里,这个职位的叫法不尽相同)来自游戏行业,有着丰富的游戏设计经验,但这并不是一个必要条件。其实,优秀的首席互动官们都有一些共同的特点:他们对人们的行为都表现出强烈的兴趣,特别是行为背后的动机。只有首先深刻理解是什么驱动了人们的行为,才能通过设计来实现激励人们改变其行为的目的。虽然在外行看来,科学是极其死板的,但实际上科学却一直在更新变化。每个月都有关于行为经济学、游戏化和忠诚度计划的新研究被发表,本书提及和分析的许多案例也因为是刚刚新鲜出炉的,以至于还没来得及进行严谨、科学的研究。

由此可见,如果企业希望通过全方位的互动取得成功的话,那最好聘请一位这方面的专家。他们能够密切关注不断变化的数据和行为,识别哪些设计是有用的,而哪些不是。持续获得专业人士的洞察、推动和指导,能够帮助企业管理者制定出多种效果迥异的不同方案。虽然外包供应商和咨询顾问在实践具有可行性的游戏化方案的初期能提供大量助力和技术上的支持,但是,企业最终还是需要一位专家在组织内部传播游戏化的知识。而怎样推动互动,即如何根据希望达成的目的进行合理的行为设计,就是能够让企业获得长期成长的关键因素之一。

首席互动官在企业里扮演着非常特殊的角色,他们的工作重点是为

第 2 章
用游戏化重构企业未来的新型战略

面向员工和 / 或面向顾客的部门推进互动。他们必须密切关注趋势并紧跟潮流，能够直接地推动互动策略，同时寻找合适的资源来完善和促进这一过程。首席互动官要为所在的企业建立一套可遵循的指导原则，确保任何游戏化的策略所包含的信息与任务都符合公司发展的需要。他们的责任就是创造和不断完善贯穿于整个组织的互动策略，而不是负责每个游戏化的应用程序或服务的日常运作。

> **游戏化阅读**
>
> 用一个词回答：首席互动官的工作重点是推动什么？

首席互动官在企业中的角色在不断变化，但无论具体的职责是什么，对于一个有力的互动策略而言，有一件事是绝不能忽视的——必须一切以顾客和 / 或员工的需求为中心。简单来说，就是给予他们想要的东西。

给予用户想要的

天生赢家（Chamillionaire，以下简称 Cham）是格莱美及 MTV 音乐奖最佳嘻哈艺人奖得主，制作了多张跻身排行榜前十名并创造了白金销量的音乐专辑，同时也是音乐界最精明的商人之一。在娱乐圈，想要满足歌迷们的需要可不是件容易的事，但 Cham 却迎难而上，建立了名为 Chamillitary 的网上社区（http: //chamillionaire.com），其基于网络的独特的游戏化手段在如何吸引和影响歌迷的行为方面，已经成了业界的一个典范。

如图 2—2 所示，作为格莱美奖得主，同时也是企业家的 Cham 在其网站上以游戏化的方式和歌迷们互动，排名靠前的歌迷们可以用得到的积分兑换奖品。

图 2—2　Chamillitary 网上社区的积分兑换奖品

尽管 Cham 已经借助社交媒体吸引了众多歌迷，但他还做了更多有用的尝试。想必很多人都曾在一次或多次聆听或观看歌手表演时感受到歌迷的巨大能量。在了解了歌迷们为了表达对他的音乐作品和他本人的喜爱所做的努力之后，Cham 确定了一个简单的理念："给他们想要的东西……只要他们能为我所用。"这个理念对所有以用户为中心的组织都非常有用。

Chamillitary 网站设置了一个简单的目标——争做"天生赢家"最铁杆的粉丝。用户们通过完成挑战、传播新发布的内容赚取积分，消费积分来兑换物品和获取参与特别活动的机会，在朋友面前炫耀自己的收获。虽然这个概念听上去很简单，而且有点老套，但 Chamillitary 却有许多标新立异的东西，例如，用户有机会获得个人专属的邮件消息提示语音。用户可以赢得奇奇怪怪的奖品，比如 Cham 穿过的背心，或是一张其签名的金色唱片。不管怎样，和大多数通过获得积分以兑换商品或服务的忠诚计划一样，Chamillitary 的基本模式就是赚取和消费。

但与其他忠诚度计划不同的是，Cham 和歌迷之间的沟通习惯已经被彻底改变。即使没有重量级的发行商，Cham 在 Chamillitary 上也可以发布新的音乐作品，并且让它们迅速进入到重要的榜单当中。他在线公布新的商品以及病毒式传播信息，通过一些覆盖面尽可能广的活动来增加歌迷群体的数量，比如邀请大家参加新歌试听派对。Chamillitary 还把首次体验设计成一系列的新手任务，向初来乍到的歌迷讲授网站的运作机制，介绍新的音乐作品，通过大量的正面鼓励让新歌迷产生迅速成长的感觉。

Cham 的音乐作品的曝光不再仅仅是碰运气，或是受难以捉摸的 iTunes 商店的摆布，而一切尽在他和歌迷们的掌握之中。游戏化不仅改变了他们之间对话的方式，更创造了一种新的交流方式。2012 年，Cham 在游戏化峰会（Gamification Summit）发表主题演讲时，提及到与一位歌迷的互动经历："那天我去健身房锻炼，一个家伙拦住了我，说道：'我是你的铁杆粉丝，你的下一张专辑什么时候出？'我转身对他说：'我刚做完新专辑。等等，你在 Chamillitary 的排行榜上是第几位？'他回答不出来。'你居然不知道？'我立即质疑他，'那你肯定不是我最铁杆的粉丝。'"

由于 Chamillitary 社区的存在，想要知道谁是 Cham 最忠实的粉丝变得易如反掌。这个游戏化策略的基本理念很简单：给予人们想要的东西，就能得到你所需要的，反之亦然。现在已经不是"酒香不怕巷子深"的时代了，即使是优秀的音乐和电影作品（或其他产品和艺术品），也不是那么容易获得拥趸的。随着消费者参与互动的平均时间不断减少，名人与公众之间的距离也要不断拉近。粉丝们是愿意耗费时间和金钱来维系与他们最喜爱的内容创造者之间的联系的。所以，关键是要使这种联系成为可能，并且充满乐趣。为此，你首先必须清楚，在所有的事情当中，互动和参与是重中之重。

游戏化阅读

用一个词回答：音乐人天生赢家通过游戏化社区 Chamillitary 驾驭了谁的力量?

把互动作为首要工作

Nextjump 公司深知把互动参与作为公司关键目标的重要性。从一家员工福利商品供应商，到今天的电子商务领域重要的企业，该公司创始人查理·金姆（Charlie Kim）用了 15 年时间使 Nextjump 在激烈的行业竞争中脱颖而出。在这个过程中，公司逐步形成了让众多竞争对手羡慕不已的企业文化——Nextjump 是一个言行一致的优秀榜样。

从员工的健康和保健、极低的人员流失率，到员工的高满意度等方面的不凡成就，使 Nextjump 成了员工驱动和互动参与的领导者。该公

第 2 章
用游戏化重构企业未来的新型战略

司的首席执行官金姆认为公司之所以能够长久发展，拥有良好的财务状况，都源于其对员工关系的重视。包括将游戏与员工红利（如健康）紧密结合的培训方法在内，Nextjump 公司把每件事情都游戏化了，并始终把创造乐趣作为首要工作来抓。

同样，在以互动为头等大事的前提下，美国军方开发了名为《美国陆军》（*U.S. Army*）的军事体验游戏。这个模拟游戏项目取代了之前大量失败的项目，被大众广泛接受，并且一直是市场上最流行的游戏之一。

《美国陆军》的成功源于退役上校凯西·沃丁斯基（Casey Wardynski）——一位经济学家出身的游戏化专家的天才手笔。与枯燥的理论讲解不同，《美国陆军》让人们直接扮演士兵经历战场体验，而不仅仅是填写一份索然无味的应征调查问卷。调查问卷也是有用的，只是以游戏的形式出现效果会好得多。

如果说美国军方刚刚开始理解互动的力量对于成败的影响，那么 Nextjump 的首席执行官的看法就更加深入了。在查理·金姆看来，游戏化策略需要从员工开始，然后扩展到顾客。在向外界推广游戏化的方法之前，先要在公司内部尝试，得到这些尝试所带来的好处后，才能证明这些方法的价值。这个理念在 Nextjump 运转得很好，一些推向市场的突破性的游戏化产品，很多都始于面向员工的内部项目，其中就有受游戏化驱动的社交化捐赠平台 oo.com。消费者通过这个网站向指定商家购物，能得到积分（WOWpoint）①，并可以通过一定的机制把积分

---

① 100 WOWpoint 等于 1 美元。——译者注

转换成现金,捐助给有困难的人。该项目经过在员工当中尝试,成功地证明了以有趣的方式把购物与社会责任之间联系起来时,人们会愿意为此进行更多的消费,于是 Nextjump 公司便把它变成产品推向了市场。

清楚游戏的重要性

把游戏化体验作为对核心业务的支持,还是把它作为一个单独的业务来做,这两者之间的相互关系正是正确运用游戏化的重点。有些公司在看到了游戏力量的崛起之后,就会迅速作出反应,在业务、服务和创造收入机会方面打开新的思路。而另一些公司担心游戏会掩盖他们的核心产品对顾客的吸引力,于是会变得小心谨慎,以免发生本末倒置的结果。

美国联合航空公司及美国航空(American Airline)在这方面就有清晰的认识。从 2002 年到 2006 年,全美乘坐飞机的旅客人数锐减,使国内航空业整体的损失差不多接近 200 亿美元。但与此同时,美联航和美国航空的忠诚度计划却一直在赚钱。这些忠诚度计划(即常旅客计划)其实就是为了提高顾客参与度和不断增加收入而采取的游戏化策略。这两家航空公司的游戏化方案在盈利能力、一致性和消费者满意度方面都超过了其核心产品——飞行。那一定是件坏事吗?

考虑到常旅客所能产生的经济价值,美国航空于 2009 年通过 AAdvantage 计划送出了 282 亿公里的里程。其中三分之二是由包括金融机构、商家和其他忠诚度计划运营商在内的第三方承担的,他们每送出一个里程数,就要相应地支付费用给美国航空公司。在这些里程数的背后包含了巨大的价值。例如,通过信用卡送出的每一个里程数,其实都反映了银行从商户、金融机构的交易以及消费者的购买行为所产生的手续费中赚取的利益。因此，2010年无数航空公司深陷危机、纷纷破产的时候，里程信用卡的发卡银行就成了他们的救命稻草。如果没有里程积分，银行的顾客们就不会那么频繁地使用信用卡进行消费，银行将会损失数十亿美元。在摩根大通看来，航空公司能为其带来巨大的利益，因此是绝对不能关上这扇积分送里程的门的。

如果我们仔细观察今天的航空公司，就会产生这样一个问题："这些公司的核心业务究竟是什么？这些公司是通过忠诚度计划来支持航线的运营，还是把航线变成了忠诚度计划的一部分？从什么时候开始，游戏变成了最重要的事情？"

对于在线问答社区的领导者Stack Overflow公司来讲，就不存在这方面的问题。Stack Overflow公司完成了在大多数人看来不可能完成的壮举：它集结了100万名优秀的软件开发者和前沿专家互相提供帮助，而且是完全免费的。与饱受诟病的雅虎知识堂（Yahoo! Answers）、提供请求式服务的ChaCha和被热炒的Quora这些网站不同的是，Stack Overflow公司不仅相当低调，而且非常专注。

每天都会有成千上万名的用户在Stack Overflow社区帮助别人解决专业问题。在现实世界里，这些人所提供的专业咨询服务都是以每小时数百美元计算的，而在这里，他们所做的一切则完全免费。这些大牛们聚集在一起，编译代码，编写子程序，组成项目小组，进行深入的研究，帮助别人解决难题。他们所能获得的奖励是一种被称为"声望值"的虚拟货币以及在特定情况下可解锁的徽章，这两个符号象征着他们在社区中的身份和地位。Stack Overflow社区的用户之间没有现金交易，实际上，在这个社区里，所有的行为都是为了帮助他人、建立声望和得到赞赏。用户通过支持、反对、回复其他人的见解或投票等各种活动获取声望值。为了避免垃圾信息在社区里泛滥，用户们重视的是在线交互的质量，而非数量。这种游戏化的动力使 Stack Overflow 社区能够在不耗费任何劳动力成本的情况下，为用户提供了一流技术支持和服务。我们将在第 10 章讨论这种让 Stack Overflow 成功的动力。

因此，在 Stack Overflow 取得成功之后，该公司以这种业务模型为中心，演变出了面向企业用户的服务——Stack Exchange。这种新的方法把 Stack Overflow 的成功设计拓展到其他公司，使他们也能够在相同的游戏化机制的基础上，建立提供支持与分享的垂直社区。现在有不少公司在发起众包（Crowdsourced）活动时也都在运用 Stack Overflow 的概念，并且最终用户之间都不存在任何现金交易。Stack Exchange 很清楚一点，那就是比游戏更重要的还是产品本身。这家公司已经意识到，通过运用游戏来推动整体的战略创新，可以在组织内部建立独一无二的、以追求卓越和现金流为中心的团队合作。

进行追求卓越和创新的跨部门合作

成功运用游戏化，已经使一些小型企业通过创造新产品和核心战略改变了市场，获得了新的发展机遇。而那些大公司也没有闲着，他们认识到，如果运用得当，游戏化将比传统手段更有助于建立以追求卓越为中心的、跨越专业和部门的合作团队，推动产品开发，改变员工和顾客的行为。这样的团队在很大程度上将成为整个公司的推进器，帮助企业提升到新的高度。

这场运动潜在的领导者之一是来自德国的企业软件业巨头 SAP 公司。SAP 公司成立于 1972 年，是全球企业管理软件领导者，公司价值 750 亿美元。世界上绝大多数顶级企业都使用了这家公司的后台系统软件产品。SAP 公司通过品牌建设（一流公司都用 SAP 的产品）和稳定精良的软件品质，在业界树立了稳重、可靠、友善的德国软件专家的形象。

然而，SAP 公司正在引领一场企业游戏化的革命。该公司从 2008 年开始，通过各方大范围地运用游戏化方法，尤其是那些遍布全球的 SAP 分支机构、合作伙伴和客户，籍此获取反馈、分享信息和传播 SAP 软件与技术路线的最佳实践。目前，有超过三万人经常使用这个系统，大部分人都参与了进来，而游戏化则是这场互动革命的发动机。通过完成知识任务，分享对 SAP 的品牌和产品有益的想法以及支持创新，客户们能够得到相应的积分、徽章和成就。

之后，SAP 公司在此基础上又取得了真正了不起的成果。马里奥·贺杰（Mario Herger）是 SAP 公司内部的一名游戏化推动者，他从一个用于提升外部团队的小型项目开始，积极推动将游戏化的理念植入到公司的各个方面，包括 SAP 著名的"创新日"（Innovation Days）活动。一整年中，来自公司内部各个部门的团队聚在一起比赛，努力设计出顾客需要的新功能和延伸产品。在最近几次活动中，SAP 都把焦点放到了游戏化上面。随之产生的结果，就是连平淡无奇的核心软件模块当中都被加入了游戏化的设计，比如数据输入。团队的想象力为公司创造了无数的优秀成果，把最枯燥的操作都改造得十分生动活泼，极具吸引力。这些团队所产生的创意遍布于公司各处，通过产品和战略团队的携手，把互动和乐趣变成了 SAP 自身的一部分优势。

> **游戏化阅读**
>
> 用一个词回答：SAP 社区网络用于建立同谁的联系？

SAP 公司使用这些方法来改变其内在机制，吸引专业人士的参与，与此同时不断积极投入，鼓励产生新的创想并将其商品化，最终提供给顾客。凭借对围绕游戏化建立追求卓越的合作的重视，SAP 不断地在产品和服务方面推陈出新，为其带来了巨大的好处：新的现金流，新的顾客，推动创新，并降低了获取人才的成本。通过把游戏化与现金流直接联系起来，使游戏化的作用更具可持续性。这同时也证明了，游戏化除了提升互动，还能够赚到钱。

> **将游戏化销售作为企业战略**
>
> 正如经验老到的公司元老告诉你的，最重要的是从一开始就设置预期的期望。我们是否提升了顾客的参与或提高了公司的收益？这是为了赢得竞争还是为了彻底改变游戏规则？请登录 http://gamrev.com 以获得更多 SAP 公司马里奥·贺杰关于游戏化策略如何重塑组织方面的很多真知灼见。

IT 领域受人尊敬的巨头 IBM 公司在这个方面则更进一步。作为某个内部项目的一部分，该公司开发了一套用于帮助企业以更简便和可扩展的方式运用游戏化的平台——IBM 智能游戏框架（SmartPlay Framework）。通过使用自己的开发工具，IBM 对外推出了超过 9 款独特的游戏化产品，在公司内部发布了 50 个，其中包括以下这些：

- 《创新 8》（*Innov8*）。它是一个用于带动整个公司创造力的模拟系统；
- 《第一城市》（*CityOne*）。这是一款针对解决现实城市问题（例如水质净化）的模拟游戏；
- 《模拟建筑师》（*SimArchitect*）。它是一个用于实现前沿设计，而无需花费真实成本的游戏化的设计体验。

IBM 在游戏化方面所取得的成就，无论其规模，还是影响力，都是令人惊叹的。现在，已经有许多企业通过使用 IBM 出品的游戏，实现了知识学习、情景模拟，并构建了自己的战略以应对未知的未来。IBM 在游戏化战略方面的经验在业界可谓独树一帜，这些经验不仅推动了公司的销售，还最终为公司带来了利润。在今天，跟其他渠道相比，像《创新 8》这样的业务流程管理（Business Process Management，BPM）游戏为 IBM 赢得了更多潜在的商业机会。可以说，2011 年 IBM 推出的全新 BPM 软件平台，在很大程度上得益于这种游戏化的体验。

除此之外，该公司也非常擅于把团队成员之间的互动游戏化。通过将该公司游戏化的教育平台——"IBM 学习共享空间"（IBM Learning

Commons）作为培训工具，以WebAlive（一种类似游戏的聊天系统）培养沟通能力，使IBM以极低的成本培训了数以万计的员工。而且与传统手段相比，新方法提升了培训效率。这些产品有的已经被IBM的客户所使用，有的也已经有了对外发布的打算。

IBM和其他公司利用游戏化的程度让人大开眼界，但他们都采取了和Nextjump首席执行官查理·金姆的想法不谋而合的方式——首先在内部试验，然后再把该游戏化策略转化为面向客户的产品或服务。

无论是IBM这样的高科技巨头及服务商，或政府部门如美国军队，还是一个以魅力四射的艺术家为核心的歌迷社区，都有一些值得借鉴的关键策略：理解互动的重要性；给用户想要的东西；一切以用户为中心；聘请首席互动官；拥抱已经成熟的游戏，这一切都是顶级企业所采用的最先进的游戏化策略。但是，游戏化的力量所产生的结果必须是可衡量的，否则这股潮流难以持续。

与此同时，有些公司正在以一种完全不同的方式运用游戏化。除了把游戏化作为战略的核心组成部分外，他们还利用它使战略过程本身变得更具吸引力。凭借将游戏化的技巧加入到战略性的发展途径当中，这些企业以全新的、更让人兴奋的方式来提升团队的互动参与，创造独一无二的成果，并重新定位了企业自身的SWOT分析工具（即优势、劣势、机会和威胁）。

THE
GAMIFICATION
REVOLUTION

第 3 章
将战略过程游戏化

用正确的方法将战略游戏化已经在当今一流的企业当中，起到了推动企业迈向卓越的作用。其核心在于，企业必须首先从自己的员工当中获得非凡的成果。

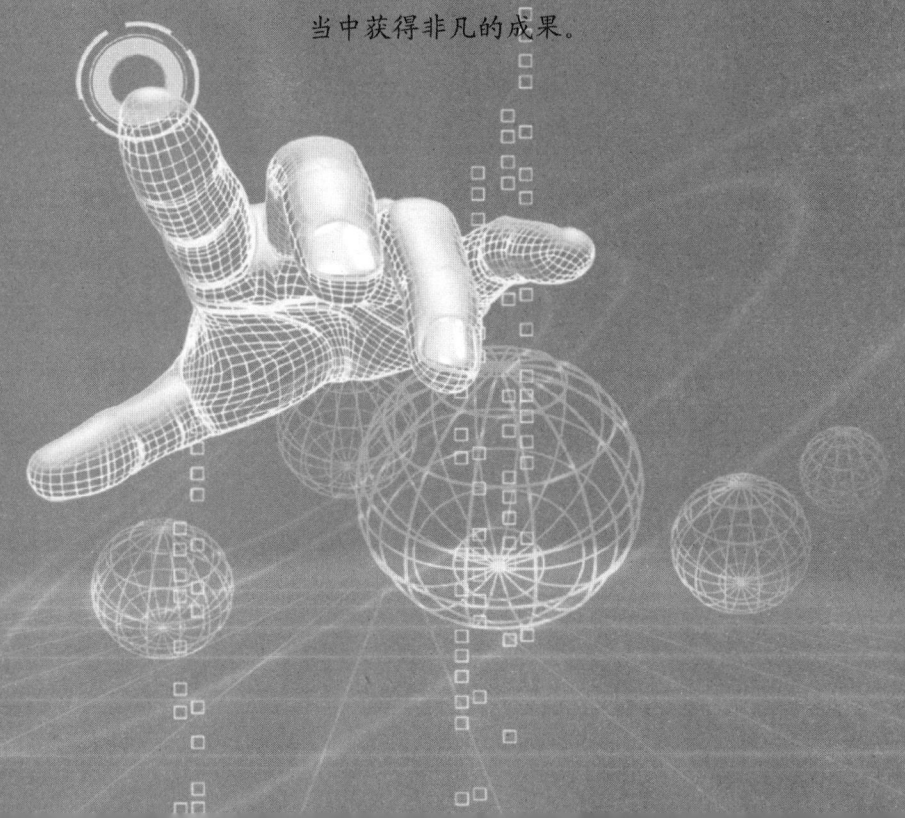

THE
GAMIFICATION
REVOLUTION

游戏化革命： 未来商业模式的驱动力

19 94年，三位博弈论的先锋——约翰·纳什（John Nash）、莱因哈德·塞尔顿（Richard Selton）和约翰·海萨尼（John Harsanyi）被授予诺贝尔经济学奖。他们开发和提炼出了具有开创性的数学理论，对经济学和博弈论产生了巨大的影响。其中就包含了在合作博弈理论当中属于是不合理的、备受争议的非合作博弈论。国际象棋、跳棋、扑克和其他策略游戏却有力地支持了三人的博弈理论，如今，作为分析战略决策的方法，非合作博弈论已经被广泛使用。此前，博弈理论界只有两个人曾获得过诺贝尔奖，1994年之后获此殊荣的人则越来越多。1996年，有两位博弈理论家获奖，其后十年中又出现了五位诺贝尔经济学奖得主。

游戏化阅读

解开谜题

阅读本章节，寻找线索并回答问题：哪种天气把电闪雷鸣和狂风暴雨变成了乐趣？

欲知你的答案是否正确，可以登陆http://gamrev.com下载并访问"游戏化革命"APP应用，获得奖励内容和与其他读者互动的密钥。你也可以从本书附录部分的解答中判断你的答案的对错。

第 3 章
将战略过程游戏化

博弈论是指对理性决策者之间冲突与合作的数学模型的研究。换句话说，它使用游戏系统的运作来模拟潜在的最终结果。尽管博弈论不应该与游戏设计或游戏化设计相混淆，但它们的相同之处在于最初都不被美国企业界所接受。对博弈论的阐述早在 18 世纪就已经出现，但直到第二次世界大战之后，著名的美国兰德公司开始运用它，才使博弈论受到世人瞩目。如今，世界上已经有许多企业和政府都在决策中运用博弈论。

博弈论所强调的"理性决策"从根本上来讲是有缺陷的。我们平时所做的理性决定与感性决定，哪个会更多些呢？做决定时刻意使用决策规则并深思熟虑的人，和仅仅依靠本能与下意识做决定的人，哪个群体更庞大？在畅销书《决断两秒间》（Blink）和《助推》（Nudge）当中，作者用令人信服的案例证明了：实际上，人们具有经常性的非理性行为和明显的心理偏见。

尽管如此，但这不应以此作为对博弈论的否定。相反，从中产生了一种使博弈论的运用更加合理的方式，即依然把博弈论作为企业战略框架当中的有力工具，但需结合来自顾客和员工当中的更全面和更感性的视角来增强它的作用。如果我们以一个更广阔的视野，同时观察决策背后的理性因素和情感因素，就能够建立一个更强有力的战略管理过程，这将使我们的企业面对未来做好更充分的准备。

这就是将战略游戏化所带来的必然结果：通过利用游戏化的关键优势，把战略管理过程变得更好，进而获得更好的效果。战略的游戏化提供了以下的可能性：

> 预知结果；

- 模拟情景；
- 创造互动；
- 提升智力。

让我们来看看游戏化是如何体现在上述这几个方面，从而改进战略管理过程和结果的。

预知结果

不少企业管理者之所以喜欢在战略管理当中运用游戏化，是处于一种理解上的偏好。商场上的竞争，跟游戏很像，虽然它们之间所谓"胜利"的意义并不一样，但最终的目的都是要赢得胜利。有时候，需要以短期的牺牲来确保长期利益。最重要的是，我们要多想几步，超前思考，预测接下来会发生的事情，并为之做好准备。

对于结果的不同界定，构成了企业经营与游戏策略的本质区别。几乎所有的传统游戏最终都会有一个明确的结果，即便用户主动离开也一样。但就企业规划而言，是没有所谓的结局的。所以，关键是要策略性地运用游戏化手段，为战略规划过程设定一个合理的时间范围，而不是让大家参与一场无止尽的活动。

这里有一个很好的案例，就是由肯·埃克伦（Ken Eklund）和简·麦戈尼格尔（Jane McGonigal）于2007年为美国公共电视网（PBS）的《独立视角》（Independent Lens）栏目而设计"替代现实游戏"——《没有石油的世界》（World Without Oil）。《没有石油的世界》这款游戏要求

第 3 章
将战略过程游戏化

参与者想象自己身处的世界发生了大规模的石油危机。1 800 名参与者（另有 60 000 名观察者）在 32 天（游戏里的 32 周）里共同塑造出一个石油紧缺的美国。在游戏中，人们设想了最糟糕的情况：汽油价格飙升到每加仑 7 美元，200 万人找不到工作，各种骚乱导致城市遭受了高达十亿美元的损失，无数居民流离失所，有的苟且居住在联邦紧急事务管理署（FEMA）所建立的收容所当中，有的则背井离乡去寻找新的机会。图 3—1 所示，《没有石油的世界》让用户想象身处在石油危机中的美国，并被要求寻求解决方案。

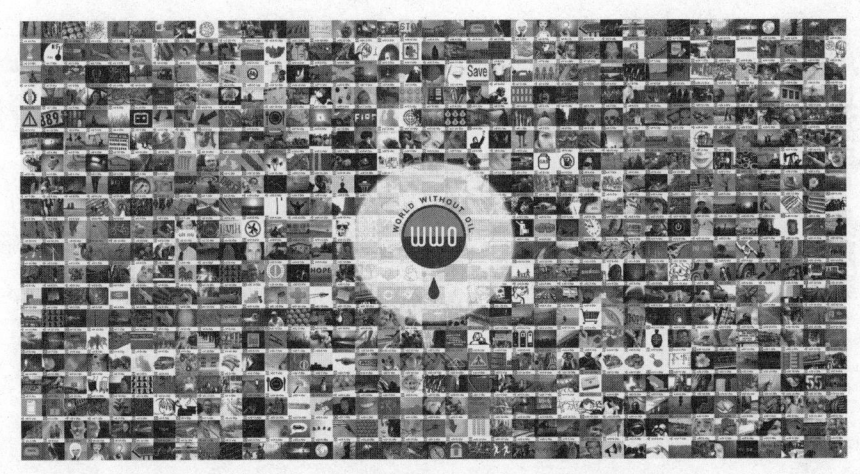

图 3—1 《没有石油的世界》游戏界面

当一个国家失去主要能源供应后究竟会变成什么样子，其实《没有石油的世界》并没有得出一个明确的结论。它所寻求的不是汽油的具体价格、死亡的人数，抑或是灾难带来的创痛，而是以文字、视频、声音或艺术的形式创造出了丰富的内容。通过在一个限定的时间里公开让人们参与，《没有石油的世界》带来了关于人类在危机中会如何反应的宝贵认识。对于企业的战略制定而言，这种类型的游戏化方法可以提供人性化的观点，并且起到完善其他模型所产生的统计结果的作用。

《没有石油的世界》提出的是一个特定的开放式问题：如果没有石油，未来将会怎样？这种类型的命题可用于任何企业的战略制定过程。无论是确定价格，识别竞争，还是寻求并购伙伴，所有的公司几乎总是在问："接下来会发生什么？"正如棋手们从"将军"倒推他们的下一步行动一样，战略的游戏化有助于推动新的方案产生，以解决大量在未来可能产生的问题。

> **棋坛高手与战略家**
>
> 你知道吗？"战略"（strategy）这个词本身来自希腊语STRATEGIA，意思是"将军工作的地方"或"指挥才干"。战场上的语言在办公室里也一样流行，对此你是不是有点意外？
>
> 很久以前我们就知道，成功的国际象棋选手都是优秀的战略家。所以，当我们发现周围优秀的首席执行官当中有些人也是棋坛高手时，就不足为奇了。美国科技博客BusinessInsider列出了一些活跃在棋坛的企业高管，其中包括磁星游戏（Magnetar Games）的总裁邓肯·萨特尔斯（Duncan Suttles）和矩阵动力（Grid Dynamics）的创始人及首席执行官维多利亚·里舒兹（Victoria Livschitz）。

有意思的是，将战略游戏化既能解决关于未来的具体命题，也适用于具有不确定性的问题。虽然经典博弈论强调，用于解决具体问题的、可能的最佳方法是数值模拟结果和大规模微观决策模型。但是，像《没有石油的世界》这样恰如其分的游戏化手段却可以填补等式的另一边——人性。两者结合在一起，能够帮助我们形成对未来更清晰的理解。

世界上最成功的战略规划者都拥有设计和执行情景模拟，并透彻理解其结果的能力。通过有效运用游戏化，将使这种能力得到进一步的提高和完善——情景模拟已经成为全球领先企业的核心竞争力。

情景建模：预知未来的模拟游戏

自20世纪50年代兰德公司提出情景规划（Scenario planning）以来，它就一直是企业战略方法中的中坚力量。最初它被用于思考地缘政治威胁和机会，而现在则被用来构想复杂的未来的各种可能性，而不再是局限于政治领域。今天的情景规划在每个阶段都致力于使用故事来驱动人类或计算机对象的反应。这些反应被搜集、整理起来，用来推动变革，或用于应对新情况，不管是发生在现在的，还是未来的。

到了20世纪80年代，50%以上的财富500强公司都采用了情景模拟，而且采用的人越来越多。能源巨头皇家荷兰壳牌是该技术的积极倡导者之一。该公司是这样介绍情景规划：“精心设计的关于未来的故事，是无数（有用的）想法的有机整合。”该公司认为，通过情景创建，用今天的决策可以把人们与尚未确定的未来连接起来。

商战（Business-is-war，BIW）游戏是最常见的一种游戏化的、以情景为基础的战略工具。商战游戏通常包括模拟和练习，让人们在一个游戏环境中逐步体验，以评估潜在的结果。

谈判游戏是眼下最流行的商战游戏。这类游戏通常会事先模拟一个情景，让企业管理人员分别扮演谈判桌上的两方。最新的设计还加入了竞争情报和环境变化数据，确保参与者能在实战中取得胜利。谈判游戏的应用非常普及，自 2007 年以来，每一名美国陆军军官必须经过谈判游戏的训练，才能被授权与平民进行接触。

> **壳牌的情景模拟**
>
> 壳牌把情景模拟同时作为内部规划工具和全球沟通战略中的一部分。访问 http://gamrev.com，下载《游戏化革命》配套的社交应用，即可看到壳牌的能源未来情景，以及一部分能源之间的相互影响，找到战略游戏《没有石油的世界》的结果。

尽管得到了军方的支持，但由于没有足够的证据证明基于情景的策略（和训练）可以准确地预测未来，因此，人们对该做法仍存在一些争议。尽管如此，情景规划还是非常受欢迎的，在太平洋投资管理公司（PIMCO）通过情景规划成功预测到雷曼兄弟将在 2008 年倒闭之后，这种方法更是重新开始受到追捧。在其他量化模型都没能发现雷曼兄弟即将崩溃的时候，PIMCO 公司就已利用情景规划展示了该模型对人性面的揭示,并由此看到了事情的本质。

对于在情景规划中使用正统游戏设计手法的研究并非前无古人。1980 年《管理科学》杂志(*Management Science*)刊登了比莱布·杜塔(Biplab Dutta)和威廉·金(William King)合著的《一个有竞争力的情景建模系统》(*A Competitive Scenario Mooleling System*) 一文,科学家和流程专家们开始考虑在情景规划中运用游戏化。在该文献中,把竞争、组队、排行榜、得分、裁判和奖励所有这些机制都描述为可用来加强规划的手段。苹果公司和全美汽车租赁(AutoNation)等形形色色的企业都已经使用先进的游戏化情景规划来观测重要的市场变化——从芯片价格到消费者的喜好,并进一步分析了这些变化对公司未来的影响。

通过严谨分析已经引入游戏化的战略规划所产生的效果,包括将其与非游戏化的情景相比较,会产生多种可能的结果。根据杜塔和金的研究,以及 2005 年由牟芮·土罗富(Murray Turoff)主导的划时代研究成果《情景规划游戏》(*Scenario Development Gaming*)均表明,跟传统手段(听讲座、做笔记等)相比,人们更倾向于游戏化的方式。这其实也很正常,跟坐在座位上整天码字相比,谁不愿意玩游戏呢?尽管如此,但那时游戏带来的切实利益还没有被轻易地发掘出来。

实践过游戏化战略规划方法的人们都表示,和老方法相比,他们从中得到的一个最主要的益处是获得了更大的信息量。另一个明显的优点是,游戏化的方法要求参与者仔细琢磨情景描述当中的细节,有时候需要换一种角度思考,这种做法能够轻易颠覆他们原本的假设。当过程的参与者都是自己人,又难以明确指出偏差时,这就是一个极其重要的手段。

很可能是因为游戏化的情景规划带来的启发式效果非常好,因此,几乎所有的企业都采取了这种手段。不管怎样，今天许多运用游戏化规划方法的企业正在以更具体的方式证明它的价值。

维基战略公司（WikiStrat）是美国和以色列共同投资创建的，旨在成为世界上第一个"大型多人在线咨询公司"。公司创始人设想将游戏化的力量植入到战略流程和分析中，重点运用于地缘政治战略和军事演习当中。

维基战略公司的工作方式是把每个项目都当成一个比赛来对待，由一个全球性的认证分析师和主题事务专家所组成的网络，根据客户的要求建立相应的情景。这类项目可以是非常宽泛和抽象的，例如："到2050年，俄罗斯的全球影响力会是怎样的？"在每一种情况下，这些分散在世界各地的分析师和专家，会利用其专业知识创建出情景方案，并将它提交给维基战略社区。通过投票和反馈，找到最好的情景方案，该方案的作者就能得到丰厚的报酬。

据维基战略社区的创始人之一丹尼尔·格林（Daniel Green）介绍，与竞争对手相比，该公司能够以更具可扩展性和成本效益的方式交付项目。因为维基战略社区上的许多分析师也在为其他类似的组织效劳，但维基战略的优势是以更低的成本利用他们。因此，维基战略社区网站必须要在分析师当中建立有效的互动。

格林说，该公司通过分析发现，为维基战略社区网站提供服务的分析师和专家们普遍反映：与他们的日常工作相比，这个"副业"能够带来更多的乐趣。基于乐趣因素构成的更多互动，帮助刚起步的维基战略在激烈的行业竞争中脱颖而出，获得了世界上主要的政府机构及财富100强企业的大量情景分析业务。此外，这也向质疑者们证明了游戏化元素在赢得竞争方面的强大作用。

第 3 章
将战略过程游戏化

格林讲述了关于某位资深分析师的故事——让我们且用代号 B 来称呼他。B 在他五十多岁的时候,为维基战略社区网站兼职工作了很长时间。他对游戏化元素带有很明显的厌恶,他告诉公司创始人,他在工作的时候不会关注积分和等级,因为这种设计太幼稚。但几周之内,B 就成了游戏化系统的最主要的支持者之一。他几乎每天都通过电子邮件了解如何提升成绩提高排名,挑战胜过自己的人。维基战略社区网站精心设计的游戏化解决方案,激发了 B 对成为高手的渴望和潜在的竞争实力,触发了公司想要看到的正确结果:更好、更快并且更便宜的战略分析。

作为世界领先的竞争情报咨询公司之一的富尔德公司(Fuld & Company),是另一家从游戏化的情景规划中受益的企业。这家公司已经连续六年成功地举办了"商战游戏"(Fuld War Game)。在这个活动中,来自顶尖院校的 MBA 学生们彼此竞争,为各种不同的情景评估结果。该活动吸引了来自美国西北大学、耶鲁大学、哈佛大学、麻省理工学院以及达特茅斯学院的学生。过去举办的比赛主题,主要是与食品、电网以及移动电话的未来有关。

在 2011 年的"功能性食品的商战"(Battle for Designer Foods)活动当中,重点测试了雅培、达能、葛兰素史克和雀巢将如何进行品牌定位,以赢得价值 200 亿美元的新兴消费市场。举办者布置给参赛团队的任务是基于所给定的数据和具体的情景,制定一个能够实现利润最大化的三年期战略。

多年来,这个竞赛活动已经证明了它能够异常准确地预测到一些原本"不可预测"的结果。例如,在以前的活动中,参与者曾经预测到谷歌会赢得广告霸主的地位,以及苹果公司将进军电视和社交网络领域。当然,活动得出的错误预测与准确预测一样多。但是,除了比赛中收集到的数据所带来的经济价值和财富外,富尔德公司和来自名校的精英学子以及所有参与的企业都在从事一件看似不可能的事情——描述未来。

大量案例已经清晰地表明,在情景建构(Scenario-building)技术中运用游戏化,有助于提高预测结果的准确性,减少了为最终交付这些成果所付出的成本。无论是通过内部人员,还是聘请外部机构来做这项工作,利用基于游戏的手段,企业可以挖掘到蕴藏丰富的智慧资本。无论你是要进军某个市场,还是正力图转型,从现在起,在今天的问题当中融入丰富的互动,将会对你明天乃至今后每一天的成功起到至关重要的作用。

创造互动

与用户之间进行互动很重要,因为它能产生更好的预测结果。未来策略集团(Futures Strategy Group,FSG)的专家们在"FSG的展望"的情景分析中,总结了游戏和游戏化的实际价值:"游戏使竞争在生活中无处不在。"情景给人的感觉越真实,预测效果就会越好。

2011年,当奥多比公司召集四十多位成员参加战略规划活动时,其最想要的就是把互动融入到情景规划和分析当中去。就像大多数公司的战略活动一样,与会者们都非常踊跃地参与到了这个能让公司(和每天的工作)变得更好的事情当中。但另一方面,他们在活动过程中不断受到日常工作的干扰。无论大家如何尽力,但重要的邮件、工作电话、处理危机以及其他因素造成的干扰都让与会者无法全身心地投入其中。然而，通过运用"游戏风暴"（Gamestorming）①之类的游戏化方法，使90%以上的人能够做到自始至终全神贯注地参与活动。

但是，互动的意义并非只是把人们留在屋子里。实际上，建立和维系积极的互动才是关键——"游戏风暴"就做到了这一点。通过运用丰富的游戏化方法替代呆板正式的商务会议和头脑风暴，以激起人们的兴趣，让他们全程参与思想的交流。虽然"游戏风暴"的理念已经有点儿历史了，如美洲印第安人的发言之杖是启发当今设计者的沟通技巧之一但如今，通过现代的游戏与商业文化语言的表达，可以使这些理念更加深入人心。

> **美洲印第安人的发言之杖**
>
> 发言之杖是世界各地的一些土著部落为保证会议民主化的一种工具。今天人们在运用它的时候，手中持有的物体并不一定必须是根实实在在的棍子。虽然发言之杖的形式变了，但其理念依然不变——只有持有发言之杖的人才能开口发言。
>
> 使用发言之杖的目的，是为了确保每一位发言者的话都能够被倾听，包括那些非主流的观点。许多游戏风暴工具也采取了类似的方式，让哪怕再微不足道的声音也能被听到，使工作当中的创新与表达更加民主化。

游戏风暴的一个显著特点就是它注重整个过程的完整性。换句话说，游戏风暴从建立和定义规则开始，直到问题被解决时才结束。这种方法能使参与者搁置疑问，跳出日常琐事，全神贯注于眼前的活动。

---

① 游戏和头脑风暴的组合——译者注

"游戏风暴"的实践

许多"游戏风暴"把典型的战略管理流程,如收入分析,以包含得分和奖励等机制的游戏形式呈现,从而激发起人们的动力。例如,《游戏风暴》(Gamestorming)一书收录的游戏"3-12-3头脑风暴",通过紧张感、目标明确的任务、强制评选和过程的封闭性,能在短时间内刺激参与者进行思想上的创造。

游戏一开始就把一个开放式的命题摆在了团队面前,例如,如何在未来五年内增加收入?在前3分钟,参与者分别在每张索引卡上写下自己的观点,而不是答案。通常,参与者被要求用简单的名词加动词的形式来完成,并鼓励大家写的越多越好。

参与者可能会写出以下这些观点:

● 经济不稳定;
● 主要的顾客群体正在减少;
● 产品开发过程僵化过时。

关键是要精确把握时间,3分钟后第一阶段的游戏结束,所有卡片会被收集起来并打乱。

在接下来的12分钟里,参与者以两个人为单位分成若干组合,抽取卡片并以卡片上的观点为基础对解决方案进行启发性思考。他们不会被局限于所抽取卡片上陈述的观点,但要将其作为思考的起点。尽管参与者会构思出许多的想法,但最终所要做的应该是努力形成好的想法(活动的组织者要向参与者明确这一点)。

12分钟后,这些组合合并为6至8人的小组,每对组合可用3分钟来选定他们的最佳创意。小组利用他们剩余的3分钟,决定选择哪些

第 3 章
将战略过程游戏化

好创意来与大家分享。根据参与这个流程的人数，每一组可向更大的团队提交一个或数个创意。如果结束的时候能产生不少于 10 个好创意，那么这场游戏就算非常成功了。

然后，所有的好创意都要写出来并展示在众人面前，接着，每个人都可以根据自己的喜好投票。每个人的总投票数等于他/她所在小组提出的点子的总数再加上一票。这加上的一票，可以确保即使人们在投票时带有私心（而非择优），但他们仍然必须选择至少一个确实有价值的想法。

在所有人都完成投票之后，就统计得票数，并公布获胜者。在这种方法下，游戏的环境是封闭的，并且能够取得很好的成效。对具有竞争力的人而言，这种封闭感是非常重要的，而所有参与者都会感激它。你会注意到，游戏不会因为从这些创意当中得到一个可行的方案而结束。相反，基于一个或多个脱颖而出的创意，会建立起不同的目标或目的。通过专注于创意的产生和评选，不管质量如何，我们总能达成游戏的目标。因此，参与者觉得自己的时间投入是值得的，而且在彼此之间建立了信任。此外，通过严格执行时间限制，有助于参与者集中注意力，并在游戏完成时感到欣慰。

"3-12-3 头脑风暴"这样的游戏在产生创意方面有非凡的作用。人们在波士顿的 GSummitX 聚会当中做过一个试验，在一间屋子里，由 80 个互不相识的陌生人对波士顿科学博物馆的互动问题进行深入探讨。作为主要的公共设施之一，波士顿科学博物馆希望能获得更多的成年观众，并扩大其会员群体。在 45 分钟的游戏过程中，参与者们贡献了数以百计的解决方案。获胜者会得到被冠以"赃物"之名的奖品，除此之外不再提供任何其他的报酬。该游戏成功激发了参与者的贡献渴望，在合理的时间范围内，加上规则以及后续的合作，使整个活动充满了乐趣。

"游戏风暴"模式已经在全球各地被反复组织了无数次。在战略背景下，无论小组成员是一起工作的同事，还是一群本来毫无关联的、只因一个共同的目的而同处一室的陌生人，只有运用游戏化的力量才能推动这样的互动和参与。其结果就是提高了生产效率、满意度，并最终影响工作质量。

提升智力

通过提升智力的方法来提高企业内部战略分析的质量，这看起来不太靠谱，因此从一开始就被忽视。但是，如果游戏可以让人变得更聪明，那么提高那些战略制定者的智力，实际上就变得可行了。

"当然，"你也许会说，"谁不希望只要变个魔术，就能使我们的团队更聪明？"大多数企业都认为，团队智力最大化的唯一途径就是从一开始就聘用最聪明的人。毕竟，逻辑上讲，如果你得到了世界上最聪明、最积极、最善于互动的人才，你的公司就会得到最大的效益。如果智力是固定的，并且如世人相信的那样是不可改变的，那你的想法一点儿也没错。

然而，研究表明，我们是完全可以主动提高智力的，特别是两种对战略规划极其重要的智力，即情商（EI 或 EQ）和流体智力（GF，G 在科学记数法中表示智力）。

情商是指人们面对给定的情况使用正确情绪状态的能力。情商在很大程度上被认为是成功的关键指标。大量的研究报告，包括最佳表现研究所（Peak Performance Institute）的一项关于"硬核运动中的情商"的精彩分析发现，具有更高情商的人通常在面对挑战时会比其他人表现得更好。其基本主张就是：如果你能在正确的情况下，理解并注入正确的情感能量，会增强肌肉运动知觉的表现。

流体智力是指在情景中解决问题和进行清晰推理的能力，特别是在没有可直接获取的知识的情况下。流体智力与固定智力（Crystallized Intelligence）的不同之处在于，前者是运用现有技能或知识的能力，而后者一般通过标准化测试来评估，其中包括大多数企业的招聘测试。

显然，在进行战略规划时，应同时使用情商和流体智力。情商确保团队成员互相挑战，而不至于入戏太深。情商的核心是理解适当的情感反应和他人情绪的能力。流体智力是让团队成员以飞快的速度和灵敏的思维最大程度解决问题的能力。不言而喻，一个理想的战略团队，其组成人员的情商和流体智力要在同一水平上。真实世界或虚拟情景导出的结果是否准确，高度依赖于团队成员是否具有高水平的情商和流体智力。那么，如果他们的情商和智力水平没有达到应有的程度，或者希望能够有所提高，应该怎么办呢？

职业发展专家芭芭拉·克尔（Barbara Kerr）是世界上第一款用于提高情商的游戏的缔造者之一。《建造一个富有情感的智慧世界》（Creating an Emotionally Intelligent World）这款游戏设计的初衷是通过一系列基于现实世界情景的角色扮演活动，帮助企业团队提高他们的情商。克尔长达12年从事企业内情商问题的工作经历，使她决定开发一款游戏，并将其作为更好的培训手段。这个被描述为"快节奏、令人深思和充满乐趣"的游戏，是在克尔意识到传统的培训手段包括讲座和宣传小册子在内，已经无法传达她的想法之后而设计出来的。

"没有多久我就明白了,"她说,"详尽的演示文档已经不是有效传达我的关于提高情商的可能性思想和热忱的手段了。"

克尔的游戏是其职业培训实践的产物,它把时间作为主要的货币,而不是金钱(即你做得越好,就可以得到更多可自由支配的时间)。当你在体验游戏时中,可以选择"挑战"或"机会",根据自身的情商水平采取行动。此外,在"意外事件"当中,会出现要求你处理极具挑战性的状况(如亲人去世或丢掉工作),这些状况并不是基于你自身的情商水平出现的,而是基于你在游戏过程中被分配的情商水平。这个游戏的最终目的是展示不同情商水平的人在应对和处理各种情况时的不同反应,有助于他们在整个过程中管理他人和开发他们自身的能力。

《建造一个富有情感的智慧世界》不是市场上唯一一款此类游戏的产品,康涅狄格州的富兰克林学习中心(Franklin Learning)同时发行了《情商制胜》(*EQ for Success*)(面向公司)和《情商游戏》(*Emotional Intelligence*)(面向儿童)两款游戏,随后,各种定制化的方案也在不断涌现。在一项权威的研究中,游戏化的形式被用到美国海军陆战队提高情商的训练中;在一个跨文化的角色扮演游戏中,参与者被强制要求通过"严酷的考验"成长,实现自我认知。在普通的工作场所中运用那种以施加压力为主的设计,可能是难以想象的,但如果它已经成功地帮助为海军陆战队员提高了情商,那略作改动当然也能用于企业环境当中。

情商的提升能够带来更好的互动和群体决策。而随着流体智力的提升,公司就可以充分利用显著提高的智力,更好地解决战略问题。最近,一家引起公众注意的游戏公司 N-Back 就做到了这一点。

N-Back 背后的机制相对简单。参与者会得到一串字母和一个代表数字的变量 n。他们的目标是要记住队列里的字母，根据 n 的值，当某个字母符合匹配条件时把它指出来。

例如，当 n 为 3 时，给你下面这样一串字母（从左至右读）：

*L H M F **H** E Z R Z **X** R*

粗体字母 H 和 R 会被念出来，因为它们代表着之前给出的三个字母（即 n=3）。同样的，你不用喊出其他字母，因为在其前面 3 个字母的位置上都没有相同的字母。例如，这里有两个 Z，但它们中间只隔了一个其他字母，因此 Z 不会被喊出（当前游戏指定了间隔变量 n 为 3）。

你可以通过增加 n 的值来提高任务的难度。随着间隔值的增加，要记住前面说过什么就变得更具挑战性了。在 Dual N-Back 中，通过给用户两种不同的信息，比如字母和数字，或颜色和声音，让游戏变得更加复杂。

在许多研究中，N-Back 和 Dual N-Back 都显著提高了参与者的流体智力——在短短四个星期中参与者的智商提高了 5 分！在八个月后及更长的时间里，这些成绩依然保持稳定，因此游戏的光环效应也是稳固的。虽然有人报告说智商提高了 30 分或更多的，但仍有一些人怀疑实验的功效。不管怎样，有一件事是肯定的：N-Back 对我们关于流体智力及其稳定性的观点产生了重大影响。也许，变得更聪明就跟玩游戏一样简单。

可以预见，在未来，企业将规定或鼓励员工用 N-Back 来做训练，以期待他们能提高流体智力，并最终提升战略成果。但是，如果有这种强制规定，那么当人们被要求去玩 N-Back 时，会使这件事不可避免地变得毫无乐趣。不同的问题需要不同的游戏化方案！因为，如果企业要想通过对情商和流体智力的关注和开发来提升战略上的成功，那他们首先要具备一种战略竞争优势。

用正确的方法将战略游戏化已经在当今一流的企业当中，起到了推动企业迈向卓越的作用。其核心在于，企业必须首先从自己的员工当中获得非凡的成果。有了游戏化的战略基础，我们就可以采取下一步行动了——让员工交付卓越的工作成果。

游戏化阅读

解开谜题

现在你已经读完了这一章并找到了线索，请回答这个问题：哪种条件能把电闪雷鸣和狂风暴雨变成乐趣？欲知你的答案是否正确，你可以登陆http：//gamrev.com下载并访问"游戏化革命"APP应用，获得奖励内容和与其他读者互动的密钥。你也可以通过本书附录部分中的解答判断你答案的对错。

THE GAMIFICATION REVOLUTION

第二部分
驱动团队业绩的提升

THE GAMIFICATION REVOLUTION

第4章
把员工绩效极致化

游戏化系统的"选择性"(而不是强迫)本质和把一系列虚拟奖励和企业价值观匹配起来的能力,最终使得游戏化会被采纳和使用。与之相反,如果把游戏化的绩效提高变成强制要求,那它就极有可能和其他大多数IT系统一样,陷入相同的困境。

今天的员工在改变,并且正在迅速地改变着。

让大多数美国企业管理者惊讶的是,超过50%的员工不满意自己的工作。多项研究表明,员工满意度和参与程度自2008年全球金融危机以来就一直呈逐年加速下降的趋势。睿仕管理顾问公司(Right Management)是国际人力资源管理巨头万宝盛华(ManpowerGroup)旗下为企业提供人才和职业管理细分领域服务的公司。他们所做的问卷调查显示,无论是在薪酬(只有36%满意)、管理质量(只有54%满意)还是压力水平(只有25%满意)方面,员工的不满达到了惊人的程度。这种趋势自20世纪80年代末以来一直呈上升趋势。与当时相比,如今大多数满意度指标下跌了至少20%。

这个消息经媒体报道之后,终于被准确地定义为"危机"。鉴于60%的美国经济是由服务业驱动的,而我们的未来又依赖于具有重要高影响力的知识型工作,员工的积极性和动力必定会影响产出。然而,许多政治家和商业领袖却对这个风险所包含的意义视而不见。毕竟,如果

第 4 章
把员工绩效极致化

美国工人的生产率持续上升,而失业率依然居高不下,工人满意了又能怎么样呢?

但也正是因为这些原因,员工的满意度和互动参与显得比以往任何时候都更加重要。在过去的二十年里,由于把可能的外包工作都外包出去了,使得美国的大部分生产力过剩;剩下的则是不能外包的,而这些工作岗位则显得愈发重要。虽然总失业率仍然高企,但技术工人依然是非常紧缺的人力资源,尤其是在高增长地区。例如,在加利福尼亚州的硅谷,目前工程师的失业率不到1%(而2012年美国的平均失业率为8%)。与此同时,这些企业面临的共同挑战就是如何能够留住这些人才,并且吸引更多的工程师加入。

像苹果这样的公司,员工已经产生了40万美元的人均利润,这是创纪录的成绩。当一名技能熟练的员工离开时,公司还会白白浪费12.5万美元,这是因为通常在人员交替的一整年中会损失多达65%的生产力。所以,尽管当高失业率让传统劳动力市场持续动荡,罢工和薪酬纠纷随处可见,但这些处在美国经济前端的知识型员工并没有因为处在糟糕的工作状态中而倍感压力。

睿仕管理公司的数据显示,高达60%的受访工人打算在经济情况好转时跳槽。即使这个数字被夸大了一倍,对全球经济的影响也是惊人的,而某些公司可能因此面临崩溃。

在员工参与度和忠诚度普遍降低的情况下,这种急剧飙升的不满只是其中的一部分,不会再有人像老一辈人那样,把一份工作看成是终身职业至死方休了。2010年底,美国劳工统计局的一份报告为我们呈现了一个让人震惊的现实:跳槽最频繁的美国工人,其一生中会从事工

7~10份工作——而且可能是三个以上截然不同的职业。

如果目前对员工解约情况的预测已经如此严重，那么，至少不会有更糟的事情了吧？

错！新千禧一代年轻人的人数在美国和欧盟已超过1.5亿人，他们刚刚踏上社会，步入职场。在对待工作时，他们带来了一种独特的世界观，这不仅是受同龄人和他们周围文化环境的影响，而且与伴随他们成长的技术有关。我们越来越多地发现，这个群体的代际差异的具体特征是冲撞，这已经成为管理中让人抓狂的大问题了。

如何管理这一代人已经成为所有行业的一个热点问题。事实上，在谷歌上输入"千禧（千禧一代）管理"，有关的结果有近50万条；在畅销书排行榜上，关于这个问题的书籍也是十分畅销的，比如《留住千禧人》（*Keeping the Millennials*）、《管理千禧一代》（*Managing Millennials*）、《如何激励"我能有什么好处"一代》（*Motivating the "What't in it for me" Generation*）等。而另一些人则倾其智慧试图揭开一个谜题：为什么企业难以管理和优化这些有才华的、有积极性的、深谙技术的年轻人？

答案再简单不过：游戏。不只是他们小时候玩过的任天堂、PlayStation游戏机，或是在家里玩的"作战系统"桌面游戏，也包括蕴涵游戏机制的工作和生活。布鲁斯·塔尔干（Bruce Tulgan）在其颇具影响力的著作《不是人人都能夺冠》（*Not Everyone Gets a Trophy*）当中，详细列举了他经常从管理人员那里听到的对这一代人的抱怨：

> 他们从走进来的第一天起就抱有很高的期望。
> 他们不愿付出，喜欢寻找捷径。
> 他们一听到负面意见，就丧失信心。

第 4 章
把员工绩效极致化

> 如果你不紧盯着他们，他们就会走向错误的方向。

> 他们认为只要成长起来，每个人都会给他们一个奖杯。

咨询公司普华永道（PwC）的研究充分印证了上述这些问题。职场上的千禧一代当中，有57%的人希望快速推进事业。此外，个人发展被列为他们的头号目标（优先于报酬）。并且，的是讽刺，为了提高找到心仪工作的概率，25%的人表示他们预计自己在一生中会有六个或更多的雇主，这可能是由于年轻人的乐观（或漫不经心），也许吧，但也是一个不能忽视的观点。

塔尔干著作的书名本身为我们提供了通向核心问题的线索，与其他年代出生的人相比，千禧一代在他们经历的人生中获得了太多正反馈，赢得了太多东西，以至于被宠坏了。当然，其中的另一层含义是：与他们的前辈相比，千禧一代遇到的挑战或冲突更少。

虽然千禧一代的问题已经被正确识别，但我们认为其背后的原因却被完全误解了。千禧一代之所以难以承受挫折和痛苦，是由于他们在成长过程中得到了过多的正面鼓励，而我们这些早于他们出生的人则可以说获得的简直太少了。事实上，千禧一代获得了绝大多数人所渴求的正面鼓励。他们不会得到不应得的奖杯，但前提是，这个世界要提供更多的方式能让他们赢得奖杯。

对于这个群体而言，夺冠这件事本身并不能激励他们。由于缺乏获胜的机会，他们会感到沮丧，从而失去动力。这并不是说他们不想付出努力而攀上高峰，他们希望的是，在每一个阶段都能有一次明显的胜利。他们想要了解制胜的规则，并且坚信自己有获胜的机会。

在大多数情况下，不存在能够满足千禧一代需要的体系和制度，这使得他们变得漫不经心，从而让雇主们感到失望。随着越来越多的企业在为此做出必要的改变，人们纷纷涌向这些企业寻求工作机会。雇主品牌调研机构优信咨询（Universum）的调查显示，在美国年轻人最想去工作的前五名公司当中，亚马逊、苹果和谷歌位列前三。这或许并非偶然，因为这三家企业都拥有强大的员工奖励制度。

从积极的方面来看，千禧一代在解决问题、归纳整理、一心多用（多任务）、作为具有自我导向的领导者方面拥有特别的才能，这些显然都是在21世纪全球经济当中必须具备的关键能力。而他们的观念与拥有强烈的职业道德感并将其看得很重的大多数前辈们截然不同。在过去，人们可能认为给予太多的正强化是没有必要的，甚至是一种纵容。我们社会的核心价值观是：现在做好你的本分，将来才能获得满足和回报。

千禧一代和我们其他人之间存在显著差异的根本原因是，他们长期沉浸于游戏当中。这一代与他们的前辈不同，在玩游戏时，不管是网络游戏，还是单机游戏，他们一直处在能得到持续的积极正强化的状态当中。此外，他们经过大量游戏的训练，已经习惯于把每一项挑战都看成是一个类似于游戏的、具有明确行动路线的成长系统的一部分。而且在大多数游戏中，他们期待运用大量不同的方式来赚取真实的所谓奖杯和成就。随着时间的推移，通过与游戏的接触，当千禧一代在经历其他类型的条件作用和强化时，他们的思维方式已经被改变了。

与把千禧一代的本质上升到哲学问题相比，我们最好还是实实在在地从与工作性质相关的相同问题入手。虽然我们年岁较长，但这并不能妨碍我们在职场环境中对彼此的相互关系进行观察，并思考什么能构成

第 4 章
把员工绩效极致化

适当的反馈和强化。可能有些人会对这种态度上的改变表示反感，请放心，给千禧一代提供他们所追求的东西，并不要求你放弃自己对于得体的举止或勤奋工作的观念。相反，这恰恰是为了理解他们的工作方式有何不同，以及怎样让游戏化去释放他们的潜力。事实证明，已经成功地做到这一点的公司都能够在竞争中胜出。毕竟，因为受游戏的影响，这一代人比以往任何一代人都更聪明、行动更迅速、更灵巧、更健谈，并且更加懂得社交。

为了让千禧一代能够更和谐地融入职场，首先，让我们一起来面对上文中提到的千禧一代带来的管理挑战。通过你的员工社群成功推动的事情，往往也能在组织中成为对千禧一代有效的驱动力，而且对所有年代出生的人都有效。正如你将在下文中所看到的，在组织内部能带来最大化成果的法宝是三个基本驱动力——3F，即反馈（Feedback）、好友（Friends）和乐趣（Fun）。如果公司在工作场所当中提供这些驱动力，就能够推动产生更好的员工绩效。而且，这些战略推进器还能非常容易地应用到企业中的每一个人身上，无论他或她属于哪一个年代。虽然也许是千禧一代带来了这种潮流，但我们都会从中受益。

为了理解游戏化是如何帮助提高员工的参与程度、满意度、绩效和在职时间的，我们根据游戏化的不同作用，在本书第二部分分别用不同的章节来进行深入探讨。在本章接下来的部分，我们将关注如何采用游戏化设置团队的愿景和团队行动中的目标，以使每个组织都可以变得更富有创新力。在第 5 章中，我们会分享那些领先企业用来引发创新革命的策略。

> **3F：反馈、好友和乐趣**
>
> 在分析大量优秀的互动参与体验的过程中，我们逐渐发现了一种模式：注重反馈、好友关系和乐趣的产品与服务能够产生最大程度的互动和黏性。如果在用户体验当中，向他们呈现并且真正做到了这些，所产生的吸引力和留存率是最强的。简而言之：
>
> 反馈的作用，是随着时间的推移告诉用户他们取得了怎样的进展；
>
> 好友关系，是用户之间的连接器，无论他们是不是传统意义上的朋友；
>
> 乐趣，每个人对它都有着独特的理解，但通常它就是一种愉悦感或享受的感觉。
>
> 当这三种驱动力共同作用时，就会形成一个病毒式互动循环的核心，设计这个循环的目的是为了驱使用户访问一种体验，返回，然后再吸引其他人来访问和返回。

如果企业的成功依赖于知识型人才，那么第6章关于"用游戏化重塑人力资源管理战略"的介绍将对企业的未来至关重要。在看完该章节大量的创新案例之后，你可能不会再想着去刊登招聘广告或举办新员工研讨会了。

最后，在第7章中，我们将着眼于员工的健康——一个在企业中被日益关注的话题，这也是在减少医疗保健成本的同时提升商业产出的关键。

第 4 章
把员工绩效极致化

Ekins 所创建的一种欢乐文化

在 20 世纪 70 年代，耐克公司内部组织了一个讲故事活动，以此来向刚入职的新员工做一个小时的介绍，向他们描述公司诞生的过程。例如，一个叫比尔·鲍尔曼（Bill Bowerman）的教练如何把橡胶浇注到他的华夫饼炉，尝试为他的运动员们做出更好的跑鞋，最终促成了耐克公司的创立[1]（一次尝试最终为世界带来了耐克著名的"华夫鞋底"）。

在随后的几年里，一小时的讲故事活动被发展成为期九天的露营活动，这些耐克高科技代表们自称"Ekins"（这个名字是 Nike 的反向拼写再加上复数 s 组成），逐一重现了公司的历史：穿着用鲍尔曼的华夫饼干烤炉制成的橡胶底鞋，在公司创始人曾经训练运动员的跑道上奔跑。该活动并未以游戏为中心，却利用游戏来促进员工之间的情谊。在活动结束时，所有的参与者被提议在腿上纹上耐克标志图案的文身，许多人都纷纷响应。

讲故事本身并不是游戏化，但是，如果讲故事的时候嫁接了游戏化就能够形成一种强大的力量，使员工与品牌合为一体。Ekins 的作用在于传颂公司品牌，但更重要的，玩这个游戏并吸引其他人一起来参与是他们的工作。今天，Ekins 不仅是耐克品牌最卖力的布道者，也是最前沿的消费者！讲故事露营所促进建立的价值，之后成为一种重要的投

---

[1] 比尔·鲍尔曼和另一名联合创始人菲尔·耐特于 1962 年最初成立的是蓝带体育公司，是耐克公司（1971 年）的前身。——译者注

资，体现在耐克的每一项创新的面向顾客的产品之中，如 Nike + 和运动能量环（FuelBand）。

　　Ekins 早已是耐克完美和谐企业文化的象征。耐克公司已经有了一个良好的开端。而且在今天，耐克品牌和为之工作的人们之间的默契是让人羡慕的。这就是为什么，当你问 Ekins（他们腿上都有耐克标志的纹身为证）他们在耐克公司的工作是什么时，他们会毫不犹豫地回答："我的工作就是创造跑步的快乐文化！"然后，他们会回报以坚定的微笑表现出信心满满。

《要么晋升，要么滚蛋》的企业文化

　　在许多高速运转的企业里，比如咨询公司，快速的"晋升或滚蛋"给员工带来了巨大的压力。这个短语要求员工当下努力工作：要么很快得到升职，要么就离开公司。人们相信，在这样的环境中，具有高度积极性的员工能够成为先进榜样，鼓励激烈的竞争，推动企业蓬勃发展。这种概念乍一看似乎有利于推动千禧一代持续进步，但事实上不可否认的是，在绝大多数企业中，真正的晋升机会是非常少的。除了少数例外情况，通常只有一个人能当上 CEO，其他人本质上不过是竞争过程中的摆设而已。

　　例如，"扁平化组织"是通过减少管理层级的做法来表达不再强调晋升的理念。虽然这种努力可能是在试图向员工传达平等主义的企业文化，但很多在职场上以追求成就为中心的人们都会选择直接转身离去。毕竟，尽管所有人都清楚即便在扁平化组织内，从前台到高管之间只有少数几个层级，但 CEO 仍然是拍板做最终决定的人。

第 4 章
把员工绩效极致化

> 同时,完全以晋升为基础的策略也有问题,它与许多企业商业伦理的缺失有千丝万缕的关系。其中包括安然事件,很多时候,面对实现成就的压力,很多人往往会扭曲了是非观念。
>
> 正确的做法是建立多条包含有本质差异的和有清晰连贯晋级层次的、具有重要意义的成长轨道。这个方法允许员工在一个特定领域线性成长、竞争,或转化到另一个领域进行不同的尝试。虽然技术性企业使用这种方法由来已久,以此鼓励员工在技术和业务领域互相转换,对于其他所有领域而言,也同样可以利用这种思想。例如,在会计领域,可以有策略、预测、运营、财务等。在不同时期,引起不同类型员工的兴趣。关键是首先要定义好层级,创造大量必要的中间步骤,并给予员工关于其进步情况的持续反馈。如果进步的过程简单易懂,且有持续的反馈的话,那员工的满意度就会提高。

一线员工

> 这让工作感觉就像一个游戏。
>
> 塔吉特公司的收银员

在 2000 年中期,美国第三大零售商塔吉特公司收到了很多顾客对于冗长的结账队伍的抱怨。不管这家零售业巨头往店里增加多少额外的收银机,依然无法改变这种状况,面对收银员工作的迟缓,似乎无计可施。虽然实行了根据需求添加或解雇收银员的老方法，但也只能做这么多，不能从根本上解决问题。塔吉特的商店在旺季如圣诞节，仍然会达到临界点，收银台前大排长龙，且轮班和培训的压力会导致普通员工和管理人员精疲力竭。

于是，塔吉特做了一件让人惊讶的事情——该公司为结账操作增加了游戏机制。当时，即使是那些塔吉特的管理人员也并没有认为这是一个游戏，而大多数旁观者也不会觉得这是在"玩"。这个被俗称为"塔吉特结账"的游戏实际上很简单，就是当收银员扫描商品时，在屏幕上会显示一个字母，G（绿）或者R（红），表示收银员每次扫描商品的时间间隔是否够快。G代表适当的速度，R代表太慢。在交易结束时，在屏幕上以百分数的形式显示成绩，如图4—1所示。

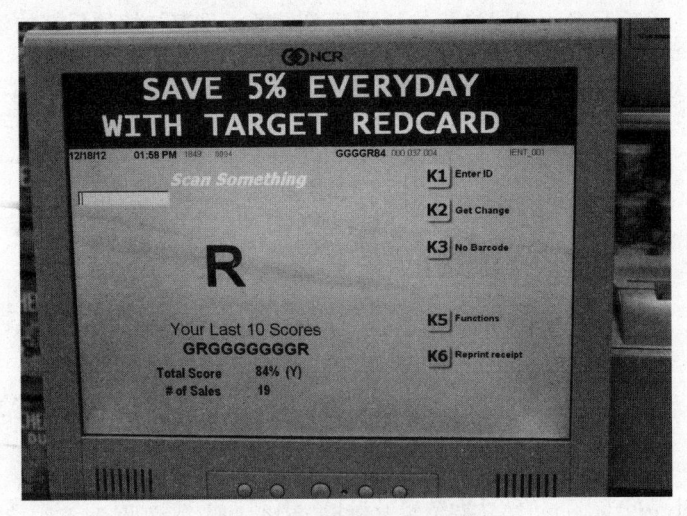

图 4—1　塔吉特结账系统

＊塔吉特使用游戏机制鼓励员工更有效地工作。字母G（绿色）意味着单位时间内的平均客户交易量增加了，而字母R（红色）则表示减少了。

这个数字表明处理每个顾客交易的适当速率，实际上是对所有收银员在某一段时间内累计结算情况的总评价。这个数字可能会导致额外的培训、降职，甚至失去工作。高出的话，当然就有可能获得晋升。但接下来发生的事情让大家大吃一惊：不仅塔吉特的结账速度比以往更快，而且收银员们反映这项措施增加了他们的工作满意度。结账工作往往是单调和无聊的，现在忽然被注入了乐趣。大家为取得了高分而自豪，并努力做得更好，不断超越纪录。

塔吉特并没有建立一个虚拟的世界，也从未提供过奖品。事实上，"塔吉特结账游戏"的话题性已经大幅消退，现在不过成了结账过程中一个毫不起眼的标准环节。尽管如此，游戏的机制给予了那些做重复工作的人们一种控制感。它加入了一定程度的竞争，类似于休闲游戏的竞争，风险低，挑战简单。通过游戏的行为让员工产生成就感，并因此产生不断玩下去的欲望。

这个案例背后所包含的行为学原理是能动作用的概念[①]，即深信自己能主宰命运。能动作用是一种简单而普遍的人类需求。因此，当世界卫生组织的报告指出，在工作中最显著的压力源之一就是对工作缺乏控制和选择，这就不足为奇了。这种不可控给一线员工设置了一个根本性的冲突，特别是在服务行业。一般来说，单调的工作往往要求员工遵循一套既定的程序，当他们的需求与既定政策不匹配时，与客户之间就产生了内在冲突。

[①] 意识的能动作用是人的意识所特有的积极反映世界与改造世界的能力和活动。——译者注

这种冲突似乎是无法解决的，它同样出现在与顾客直接接触的任何组织。在上面的例子当中，与塔吉特公司做了什么相比，更重要的是他们没有做什么。塔吉特没有浪费大量的时间和金钱，使收银变成"G 上尉"游戏。不需要杀死恶龙，也没有公主需要被营救，不用射猪，更不必消除宝石。

塔吉特关注的是给予员工实时的反馈，而不是试图开发一个能使工作看上去更激动人心的游戏。该公司没有直接对结果进行奖赏，而是设定了门槛和目标。然后，他们让收银员自主选择了游戏。通过这样做，增强了控制感。一位曾经在塔吉特工作的收银员在一个网上论坛这样总结道："这是一个很好的系统，使收银员忙碌于工作，并且给每个人一个明确的信息：不要在结账的时候浪费时间。"

这种支持并不是普通员工们与生俱来的，但是通过构建与个人绩效和控制有关的反馈循环，就能够激励人们主动积极、持续地提高成就，而不会使员工感到被过分操纵，或有人在身后监管。

游戏化阅读

解决塔吉特的结账问题

通过为员工提供能动作用的意识，使他们不再像工作，而更像是一种有趣的选择。如果想给你们公司员工的工作体验带来更多乐趣，而且还是专业的，请选择属于你的冒险，解决塔吉特的结账问题！

方案1. 因为结账团队工作一直不够迅速，造成严重的堵塞，你许诺在某天下班后用一个比萨聚会来激励团队，以换取一点爆发力，加快工作速度。

> 方案2. 为了惩罚结账团队低下的工作效率，你决定将他们的休息时间削减5分钟。你要让所有人都知道，他们的工作情况时刻被监控，如果事情不能进入轨道，他们将会被替换。
>
> 方案3. 为了重整结账团队的士气，你决定设立每周奖励，用来奖赏那些能够在3分钟的收银过程中处理最多顾客交易的人，奖品是一张价值20美元的礼品卡。利用电脑上的时钟监测时间，员工们通过每个交易结束后打印出来的收据查看他们的工作情况。（想要知道这些方法所带来的结果，请翻看本书最后的答案）

激励管理人员与专业型员工

俄亥俄州的全护公司（Omnicare）是美国领先的专门为长期护理机构如辅助生活和养老院提供服务的药品供应商之一。该公司运营了一个工厂支持中心，提供24小时的软硬件问题咨询服务。

由于公司业务的快速增长，IT支持中心的客户来电等待时间和放弃率已经达到了让人无法接受的程度。由于要等待20分钟或更长时间，近30%的呼叫断线。为此，该公司实施了一套新系统，把呼叫量、时长和等待时间用更明显的统计数据来表示，以保证客户代表们对他们的工作表现负责。同时，用礼品卡等奖励来鼓励员工良好的工作行为。不幸的是，这种方式并没有带来情况的好转，反而产生了文化上的碰撞，激励措施遇到了严重的阻力。

这个问题很简单：在过去，如果一个客户来电向客户代表咨询问题，提供答案本身就是一种挑战。虽然这显然更加费时，但对客户代表而言，能想出巧妙而有效的方法、技巧以及利用资源来解决问题，其实也是一种自我激励（这也许对于接下来要通话的病人们也是有好处的）。但是，如果为了加快速度和获得奖品和积分，而要求客户代表抛弃创造性的解答，转向被设计好的模式化的方式，是无法使他们获得心理上的满足感的。正如这个案例所展示出来的，它给工作人员带来的更多的是沮丧，而不是益处。

公司对此做出了反应，很快发现这个系统的设计是不正确的，将其调整为鼓励训练有素且已拥有合理薪酬的员工来负责驻守热线。他们在"实时服务"（Service Now，一个基于云的被用来帮助管理客户服务流程的信息化系统）的基础上实行了一款叫做"全护任务"（OmniQuest）的游戏。"全护任务"为团队成员提供了一系列的挑战和积极的目标，而不是对每通电话做吹毛求疵的纠正。游戏的核心是一个积分系统，员工达成关键绩效行为可以获得徽章，这些行为包括：良好的应答及时率和合理的查询响应速度。

一经重新设计，全护公司就看到了绩效和士气快速而显著地得到改善，员工们反响也很积极。经过一段时间之后，客户等待时间和流失率均减少了80%。工作人员的私下讨论还透露出他们真的很喜欢该系统提供的挑战和任务，即便是以业绩为导向的游戏，如"达成连续获得5个完美客户评价"。

那么，为什么简易的评分和反馈在塔吉特公司行之有效，而类似的方法在全护公司初次尝试就遭遇惨败呢？为什么低工资收入者将干预视为授权，而专业人员却认为它是有损人格的和适得其反的呢？此外，塔吉

第 4 章
把员工绩效极致化

特根本没有进行直接的现金奖励，而全护公司实施的第一个版本就有礼品卡和其他类似的有偿回报。为什么全护实施的第一个版本仍然表现不佳呢？

这些问题的关键在于，员工从本质上是如何看待他们的工作的。一线收银员在工作中首先感到的是被高度管制和缺乏反馈；而技术支持中心的工作人员则不是这样，他们觉得自己拥有权力，角色地位比较高。毕竟，大多数支持中心的工作人员必须每天灵活使用他们的头脑，所以引进具体的目标、直接反馈，以及简单的奖励被其认为是降低了主观能动性，而不是增加了。

因此支持中心所需要的是一种使工作体验更有趣，并且有额外的收获的方法。实际上，全护公司需要为这些客户代表的工作时间创造更多的乐趣，而不是依靠外部激励因素（顾客的质疑）来触发行为。通过把游戏化体验的焦点，从只关注呼叫应答指标，转移到个人表现的挑战上来，全护公司不仅成功地使员工的行为发生了改变，达成了公司所追求的积极效果，同时也避免了给支持中心的客户代表们带去冲突和挫折感。

从全护公司利用长期目标、奖励和其他手段一道实现了最终的成功这个案例中，我们可以看出公司借助游戏化来达成的目标只有一个，那就是带来积极有效的员工参与。有许多公司已经展现出了非凡的成果，还改变着员工的体验，并且在深刻思考着究竟应该如何去构建组织本身。

运用游戏化重新设计组织

总部位于加拿大多伦多的 Rypple 公司对通过游戏化重新构建企业颇为精通。该公司于 2012 年以 6 500 万美元的估值被 Salesforce.com 收购,也就是现在所谓的 Work.com,他们率先将员工考评变成移动化的、社交化的以及 360 度全方位运转的。

在当前的经济环境下,传统的、线性的年度书面考评方式已经对人们失去了吸引力,在意识到这一点后,Rypple 公司便重新设计了整个考核过程。它开发了一个包括移动端和网页端应用程序的套件,使组织内部的人们可以对同事的出色工作作出即时反馈。该系统还允许分散的目标设置,同时保证企业的最高管理者仍然能够控制整个系统。这些结果以类似 Facebook 风格的新鲜事(newsfeed)的形式展现出来,由徽章、排行榜和积分系统支持,使企业以前所未有的方式拥抱社交化的目标设置和绩效发展。对使用这套工具的用户而言,这是头一次,他们能够在同事的"留言墙"上写下一条公开的信息:"感谢您在那次竞标中给予的帮助。我们赢了!"

像 Facebook、Gilt、Spotify 以及 LivingSocial 这些充满活力的公司,都是 Salesforce.com 的 Work.com 解决方案的客户,他们通过使用这个方案所产生的结果让人大吃一惊。LivingSocial 就是这样的一个例子。这家团购网站向世界各地 647 个市场的超过 6 000 万名用户提供优惠券,从半价水疗服务到全包的度假套餐。在他们的 4 900 名员工当中,有 98% 的人接受过至少一位同事利用该系统发出的评论（通常是某种类型的正面鼓励，如"干得漂亮！"）；有93%的人已经完成了自己的总结报告。如果将该系统已经遍及全球（系统根据文化差异曾进行过调整）和用户拥有完全的自主权（换句话说，所有人都是自愿加入的）这两个因素都考虑进来，上面的统计数据是非常惊人的。

给予、接受、跟踪和报告是企业内绩效增强系统的关键要素。毕竟，如果你希望员工各尽其责，那么他们就需要知道怎样算是干得好和怎样算是干得不好。更重要的是，在结束"可校正"活动之后，你给予员工反馈的速度越快，效果就越好。Work.com及其竞争对手（如DueProps或PropsToYou）都大大缩短了反馈循环，通过来自组织内部的持续鼓励带动产生了更好的结果。

Work.com及其竞争对手们所提供的系统能够带来的好处，远远不止提供了更良好的反馈循环。他们所做出的关键变化是把考评过程变成了人们真心想要做的事情，从而也增加了反馈的数量和细致程度。这种"大数据"流让管理者用过去从未有过的方式来检视员工和团队的绩效，并对它们进行比较。

例如，现在通过游戏化，雇主不仅可以看到销售人员何时完成了一笔生意，还可以顺藤摸瓜找到协助完成这笔交易的其他员工。比方说，第一通电话是内部销售人员接的，技术支持人员回复过关键性的问题，行政人员安排过预约，法务团队拟定了协议等。每个人都可以便捷地按个体、团队成员或流程的一个环节来查看——通过三维视图向管理层呈现绩效，这是前所未有的。另外，这些应用程序通过把反馈变成众包活动，也有助于减少管理开销。

另一种游戏化的方法是通过减少激励成本来帮助提升业绩。在大多数系统当中，比如PropsToYou，货币酬劳顶多只能是系统整体结构的一个次要部分。该方法的核心理念是，不要为每一项做得好的工作提供礼品卡或现金奖励，而是使用虚拟奖励和积分系统跟踪并达成业绩，如果运用得当且系统足够完整，那么业绩最终会体现在薪酬上。与此同时，引进即时反馈（例如，Facebook上的"点赞"按钮）可以帮助激励人们发自内心地去做出此类积极的行为，比如，帮助别人和努力工作。过去，企业用现金和昂贵的奖品（比如，给予顶级销售人员豪华假期）来表达赞赏和感激，如今奖励的范围扩大了，而且它们都来自身边的同事。

　　这些社交驱动的奖励使管理层能够去加强和鼓励那些本来难以用货币来衡量的行为。举例来说，在传统的考评体系看来，充分衡量和奖励"助人为乐"是非常具有挑战性的。用分散的、游戏化的评论，我们可以把那些员工们认为重要的东西作为评分项目。通过追踪这些分数，由于信息更全面，可以使表彰建立在稳固可靠的基础之上，并且可能会不断加入可量化的评分项目。

将绩效考核游戏化

　　值得重申的是，还是这些游戏化系统的"选择性"（而不是强迫）本质和把一系列虚拟奖励和企业价值观匹配起来的能力，最终使得游戏化会被采纳和使用。与之相反，如果把游戏化的绩效提高变成强制要求，那它就极有可能和其他大多数IT系统一样，陷入相同的困境。在某些国家（和团体）当中，人们可能还是在用怀疑的眼光看待游戏化。虽然在一线从事客户服务的员工更适合有明确的关键绩效指标（KPI）的严格反馈系统，但知识型员工、经理人和高管则需要一个更具包容性的、以用户为中心、自愿的、开放式的绩效考核系统。

如果你的工作是定制解决问题的方案，那么游戏化将提供一个能够在各种规模的组织内推动关键绩效指标的独特机会。除了推动绩效，游戏化还可以提高员工的满意度、招聘效果，以及可能是最重要的——创新。

THE GAMIFICATION REVOLUTION

第 5 章

让员工创新的星火燎原

玩，被概括地定义为所有以娱乐或享受为目的的活动。这个词本身看起来似乎与工作场合没有任何关系。然而，越来越多的证据表明，在工作场合，玩的行为能够促进恢复，并有助于推动创新和追求卓越。

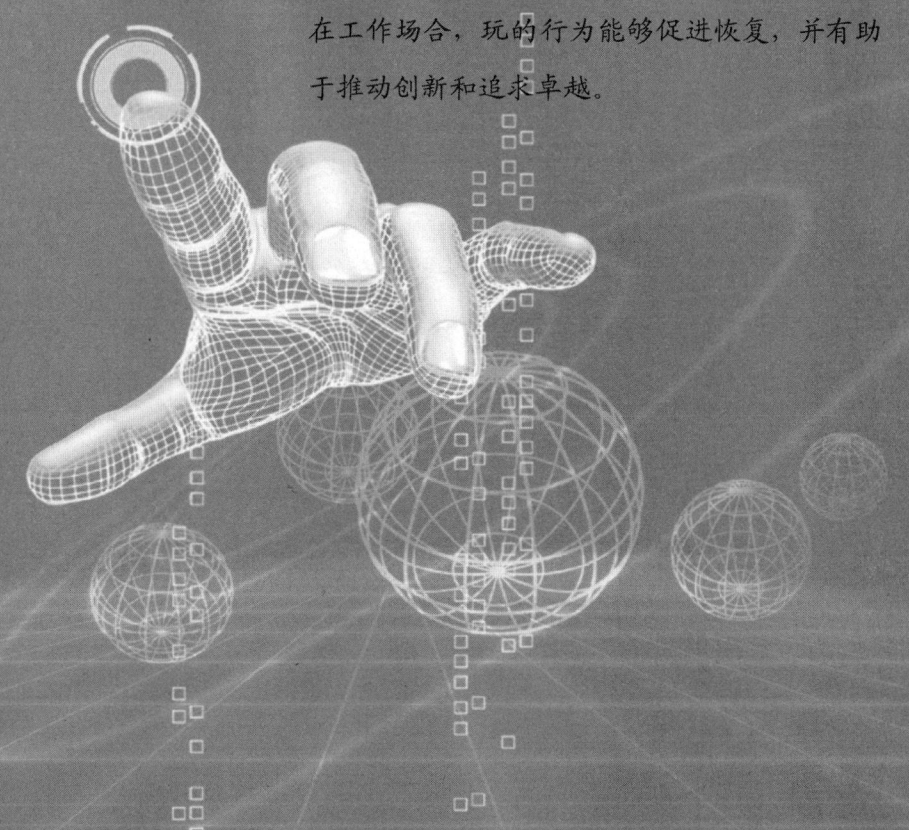

当谈到员工驱动的创新时，你肯定不会把这件事首先和政府机构联系起来。但是，英国就业与退休保障部（Department for Work and Pensions，DWP）已经成为促进内部团队推动创新思想的先行者之一。该机构的"创意街"（Idea Street）是游戏化的创意供销市场，通过传播员工创意将其变成现实。可以说，"创意街"的诞生恰逢其时，如图5—1所示。当欧洲在被紧缩方案钳制的情况下，DWP仍是英国最大的政府机构，该机构每年的支出高达1 210亿英镑（超过1900亿美元），占国家财政预算的近28%，由超过120 000名公务员提供一系列的服务，包括设计和实施与社会救助和养老金相关的政策与方案。

"创意街"的设计理念相对简单，即由用户提出他们希望DWP实施的创新想法。这些简单明确的想法涵盖了从"为每个外发的电子邮件加上签名"到社区改进计划如"制定一个培训师养成方案"，以及其他DWP工作所涉及的范围。优秀的想法被整理起来，变成可交易

第 5 章
让员工创新的星火燎原

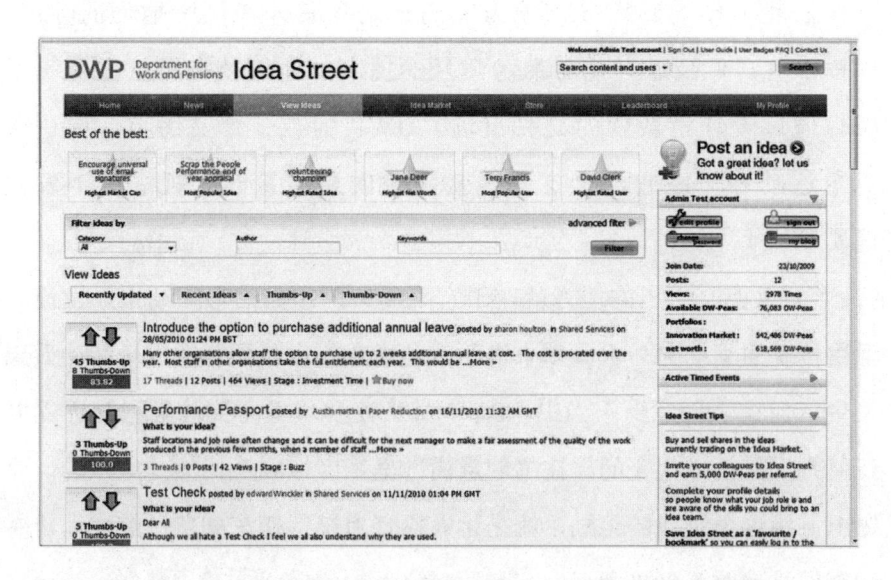

图 5—1　英国就业与退休保障部"创意街"页面

＊英国就业与退休保障部建立了"创意街"，将其作为一种手段，让工作人员提出创新想法，并投票选出最好的点子。

的资产，就像在证券市场一样。员工把好的奇思妙想当成股票买进或卖出，推动价格上涨或下跌，以此代表这些创意的质量。同时，在这个过程中还会产生额外的创意。"市场"上最热的创意概念，会得到DWP 的审核，并在适当的时候实施。整个系统由一个虚拟货币系统所支持。

在"创意街"运行的前九个月，DWP 节省了超过 1 000 万英镑（约 1 600 万美元）的巨大开支。这是 DWP 在 18 个月的时间里实现 60 个不同创想所创造的净值。DWP 在没有削减服务的情况下获取创新想法和成本节约的速度，在任何政府部门都是前所未有的。该方案更大的成功则来自人们异常兴奋的反应。公务员们反映，"创意街"增加了他们对工作的满意度，因为他们感觉到有人在倾听他们的呼声。同样，客户们反映，由于服务质量的提高，他们获得了更大的幸福感。通过设计游戏化的交易市场，DWP削减了繁文缛节，促进了思想运动——而它的"支柱"就是对创意质量的重视。这个方法确实新颖！

"创意街"杰出的地方就在于它既没有可预见的最终结果，也没有运用传统的驱动力——具体来讲，就是现金。尽管强劲的市场活动天天发生，但在"创意街"当中，DWP员工在游戏里得到的胜利是不能以任何方式兑换成现金的。在"创意街"里，虚拟经济仍然是虚拟的，原则上，玩这个游戏的奖励，就是让人们登上排行榜炫耀自己的成绩，并因有所贡献而感到自豪。

对于"创意街"的创造者詹姆斯·加德纳博士（Dr. James Gardner）而言，非现金奖励设计的背后有一段特殊的故事。加德纳博士是DWP的首席技术专家，也是创新领域的专家和银行家，这样的背景似乎强调了现金在激励行为方面的重要性。然而，与之相反，正是他在英国银行业巨头劳埃德银行担任创新主管（在2008年金融危机之前）时得到的教训让他深受启发。

在那里，加德纳开创了一款叫做"创新市场"（Innovation Market）的游戏，也就是"创意街"的前身。根据公司行政总裁的要求，这个游戏被用于开发这家银行几十万一线员工的创新潜力，"创新市场"的架构与"创意街"大致相同——一个交易创意的虚拟市场，但两者的结果却是天差地别。"创新市场"着重于现金奖励，游戏中所有的活动是基于一种实际上是真钱的虚拟货币——银行家豆。

第 5 章
让员工创新的星火燎原

加德纳博士通过"创新市场"所实现的创意生产和落实情况，仍然是无与伦比的。在高峰期，"创新市场"每月产生1 200多个创意，其中许多创意被银行迅速付诸实施。其中，最大的成功案例就是，员工在"创新市场"发现了一个贷款申请系统的小瑕疵，这已经导致银行每月会产生数百万英镑的损失。在发现和修复了这一缺陷后，"创新市场"的内部收益率（IRR）就像股市一样全线飘红，形势喜人。

但是，现金奖励总有不利的一面。真实货币的引入导致了投机、市场操纵和恶性通货膨胀。加德纳试图通过引入价格管制和收税等经典的措施来遏制这些负面行为的产生，但结果却导致了玩家的极端不满。虽然"创新市场"很好玩，但其奖励制度存在缺陷，由此产生的各种并发症加上后来不断膨胀的开支，使得这个游戏难以维系。在开发"创意街"的时候，加德纳着力构建一种有意义的玩家体验，但这次他建立的是一个让意义存在于游戏本身，而非外部奖励的环境。这两个游戏都充满了乐趣，给予了玩家在组织内部体验功成名就感的独特机会。但"创意街"使用的是虚拟（而非现金）奖励，是可持续的和能够长期发挥作用的，在奖励玩家方面几乎没有支出为DWP节省了无数金钱。

效果是明显的，类似"创新市场"和"创意街"这样的经济模拟游戏，可以成为强大的工具，通过从那些对改进公司有着独到见解的员工中获得创新。使用游戏化来激励员工创新的组织，可以在品牌和员工之间，建立一种真实而有意义的默契。远离现金奖励，能以极低的成本建立一个强大的、能够长期运作的方案。

> **现金的问题**
>
> 现金奖励往往会导致用户扭曲的负面行为，最终会使游戏变得更加困难。渐渐地，玩家们会简单地认为这是他们的权利（大家都觉得这与回报有关）。因此，为了不断驱动相同的用户行为，企业必须不断增加现金奖励。随着时间的推移，维持游戏运营的成本就会被推高，而用户的满意度却在直线下降。从长远来看，对于用户而言，现金可能并不具备很强的激励效果。从著名心理学家亚伯拉罕·马斯洛到《驱动力》（*Drive*）一书的作者丹尼尔·平克都反复强调了要用非现金回报来保持用户的动力和参与。提供非现金奖品，如身份/地位、权利和能力将延长游戏的生命周期，节省成本，并驱动产生更好的结果。

如今，加德纳博士正通过担任 Spigit 的高级主管和著书立说来继续履行一位创新大师的使命。虽然他会马上告诉你，推动组织中的创新没有捷径，但游戏化的确提供了一个独特的、动态的和可扩展的机会，以吸引员工互动和参与。游戏化在推动员工创新方面做得如此出色，以至于全球最具权威的工厂研究与咨询机构高德纳集团（Gartner Group）的伊莉斯·奥尔丁（Elise Olding）预测，到 2015 年，将有 25% 的业务流程管理（BPM）系统会以某种方式采用游戏化。同样来自高德纳公司的布莱恩·伯克（Brian Burke）认为，在全球 2000 强企业最大的公司们当中，将会有 70% 引入游戏化来推动创新。

通过考察这一领域中的领先模式，你会很快发现实施游戏化的规则。游戏化利用三个关键的策略性方法推动企业创新，那就是：

- 交易市场和竞争策略；

> 模拟策略；
> 玩乐策略。

通过更仔细地研究每一种方法，你会看到你也能运用游戏化来推动创新。

游戏化三大关键策略之交易市场和竞争策略

上面所列举的"创新市场"和"创意街"例子，在游戏化的创新中都使用了交易市场的设计。其中，让整个设计成功的关键是加速了反馈循环。反馈循环是一个系统，通过用户的表现带来反馈，然后依次将其回送，揭示反馈的性质。在一个反馈循环结束时，用户可以把这个结果带入到下一个决策中，促使下一个行为朝更好的方向发展。于是，社交网络就把反馈循环变成了每个人每天都要做的例行公事。比方说，Twitter上的反馈循环：一旦用户的微博状态有了更新，关注他们的粉丝就会对此作出反应。同样，在"创意街"的反馈循环设计中，用户可以给每个创意留下赞誉和批评，创意的"市价"（基于用户们的关注程度）随之变化，"市价"的变化又继续产生反馈。

游戏化阅读

疯狂填词

找一位同事或朋友，向他/她读带有下划线说明（或请别人念给你听），然后根据给出的上下文在下划线上填空，然后将这篇滑稽的"疯狂填词"念出来，这具有培养员工的积极性和创造性的作用。许多人都认为____（一种身体器官）风暴是为企业产生____（形容词）新创意的最好方法。但是，____（一家公司的名称）正在实现一些____（形容词）而____（形容词）方法，能够保证____（动词）他们的业务会因此____（表示非常成功的四字成语）方法。当____（你所服务的公司的名称）看到了____（一位你所敬佩的同事的姓名）是如何开展业务的，一切就开始了。那位管理人员清楚地知道，与在比赛中获得最高的____（名词）相比，打败____（一家技术企业的名称）才是更重要的。通过与足够多的____（名词）交谈，____（职位名称）决定把____（某种趋势）作为改善____（名词）和获得最好的____（形容词）战略的最佳方法。此外，为了形成大家的____（名词），企业要求它的____（名词）尽可能多去____（动词）和____（动词），以提升他们的____（名词）。公司组织了一个____（某种体育运动的名称）队，请大家____（动词）。当所有人都穿着____（一种老式的衣服），很快每个人都____（情绪），没有人愿意再回到____（某个年份）。今天，在____（业务名称）的每个人都是____（形容词）和____（形容词），而且这项业务是____（形容词）。

用老式的反馈模式，新创意可能需要为了一个草率的效果评估不得不等上几个星期。然而，新型的反馈循环则要求快速、透明及关联紧密的评论，这种做法也鼓励合作和具有建设性的竞争，而不是无情的排名或被动消极的行为。

第 5 章
让员工创新的星火燎原

逃避指责和恶性竞争是微软公司质量保证（QA）团队所面临的重大问题。该团队每年要给数百万行代码纠错，对微软价值数十亿美元的软件的声誉负责。质量保证团队所做的工作，在开发人员看来一直是一件烦人的事情。这毫不奇怪，就像任何一位作家一样，他们对创作过程的热衷远远超过修改。质量保证团队不得不依靠内在的努力不断地激励自己完成必要但却沉闷的任务，比如发现错误和修复代码。

随着 Windows 7 的到来，一切都发生了变化。忽然之间，软件质量的好坏与数十亿美元的收入被紧密地联系在了一起。考虑到用户对其产品的兴趣正在逐渐消退，微软很清楚它必须把事情做好。更麻烦的是，Windows 7 即将在全球发布。虽然代码本身是通用的，但全球性的发布必须考虑到语言的差异，从英语到斯瓦西里语，必须让说不同语言的用户看到正确的文字。多语言版本，也就是所谓的"本地化"，这个过程需要高度准确和清晰，以确保操作系统能够顺利升级。通常情况下，这种艰苦的工作会被外包给专业从事本地化开发的公司，但是会产生高额的成本和交付上的延迟，对预算和时间都会产生影响。

为了寻求一种新的、更快的和更具成本效益的方式来解决这个问题，微软向公司内部的游戏化高手——罗斯·史密斯（Ross Smith）寻求解决方案。于是史密斯提出了《视窗语言质量》游戏（*Windows Language Quality Game*），这是微软的创新游戏，用来激励员工在正式推出 Windows 7 之前找出软件的各种瑕疵，它永久性地改变了软件本地化的面貌，如图 5—2 所示。

其基本想法是这样的：微软拥有超过 90 000 人的庞大的员工队伍，可以安全地假设每种语言都会有人能够流利地运用——至少能为每种语言找到一位运用者。或许，这些人就可以来帮助测试和优化软件界面的？然而，不管是在什么地方，收发室、饭堂或会议室；不管用什么方式，强迫也好，哄骗也罢，甚至乞求，让员工自愿花时间审查软件界面的努力都失败了。于是，罗斯借助于游戏化，并取得了惊人的效果。

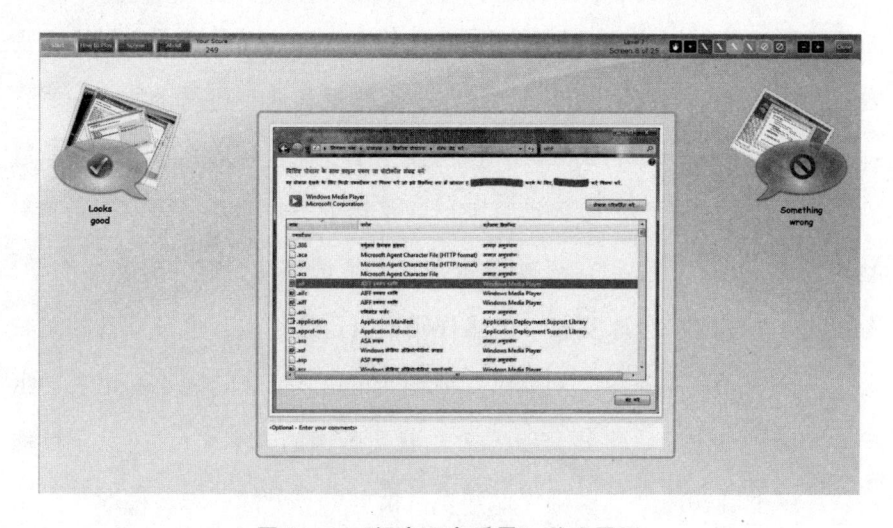

图 5—2 《视窗语言质量》游戏界面

在游戏的过程中，4 600 名参与者贡献的反馈超过了 50 万屏，相当于发现了近 7 000 个缺陷。该游戏的目的，是让参与者们每天花上几分钟空闲时间来完成一些小型挑战。在游戏中，根据参与者选择的语言，会呈现一张对应语言的 Windows 7 界面的截图。然后参与者可以圈出需要复查的，提交建议，并对其他参与者的建议进行投票。根据贡献和由同事们评出的准确度，游戏会向参与者提供积分奖励。各语言团队也位列在积分排行榜上。

除了节省了金钱和时间，这个方法还使微软公司提高了其软件的整体质量。微软还可以组建一个说更小语种的人的团队，也许能够在发布的第一个版本中找到原来没有发现的大量错误。但是，它最好的部分是，

第 5 章
让员工创新的星火燎原

员工们围绕着一项全新的大规模的任务，并且是大家都认同的和为之兴奋的。这种兴奋和互动，是知识密集型任务成功的关键。虽然研究表明，所有人都表现出很高的热情和主观能动性，但让这种效果发挥在高价值员工身上显然更重要。

罗斯在微软公司内部运作着一个叫做"42 计划"的方案，通过游戏化来提高生产力，所以他对动力了然于胸。他预计大家在体验"部落挑战"环节时的反应会非常好。在"部落挑战"中，说着不同语言的人们走到一起组成一个团队，形成一个个"部落"。罗斯也相信，随着"部落"成员看到团队在全球排行榜上的表现，这次参与完善软件的机会对他们而言，将不仅是实现"部落"的成功，同时也是一次有利于自己国家的"史诗般的胜利"，体现了一种推动参与和激发自豪感的重要意义。

游戏通过交互界面驱动用户的方式，正是游戏的成长机制，也是关键所在。每一个挑战主要来自要求用户观看电脑屏幕，识别语言文字显示上的错误，这个过程以过关的形式呈现，每次 25 关。参与者还可以获得一些成就奖励，包括得到新的字体颜色为错误做文本注释，在游戏中，这表示他们在游戏过程中获得了更高的能力。

更关键的是，在企业，尤其是在大型企业的文化当中，正反馈的主要形式是公司在倾听员工心声。每隔一段时间，人们就会得到反馈——他们找到的错误已经开始被修复。这让他们感到自己的付出是值得的，并对公司产生了积极的影响，也是带来成功的关键因素之一。

缩短反馈周期

当你把《视窗语言质量》游戏近乎即时的反馈，与缺乏互动且常常使用复杂计算公式的"全公司的奖金计算"系统相比,你可以很容易地看到传统模式中缺失的东西。绝大部分旧的计算方式试图通过任职期的长短和贡献度来评定员工的绩效,它们很少考虑个人的独特表现。仅从这一点来看,就很容易理解为什么循环更短的反馈系统在普通员工中广受欢迎了。

为了缩短反馈周期和拉近与一线团队之间的距离,2010年,花旗银行从苹果公司请来苏珊·安德鲁斯(Susan Andrews)负责银行的创新工作,并希望她的"苹果经验"能帮助这家动作缓慢、拥有1.4万亿美元总资产并且受到政府高度监管的企业注入新的动力和创新。她的首要任务是在帕洛阿尔托组建一个25人的创新小组。该小组的第一个项目是名叫《全球创意挑战赛》的游戏。这个游戏将充分发挥花旗几十万员工的创造力,希望能够带来具有重要意义的改变。

> **工作游戏化设计大奖赛**
>
> 你能想象为了构想一个成功率只有几百分之一的革命性设计,要从给员工的承诺和资源当中拨出5~8万美元的费用吗?除了错综复杂的设计,如果你还必须制订出一个全面的计划,包括它的预算和范围,你该怎么办?然后,无论是否成功了,如果你提出的设计元素可能是属于客户的知识产权,而他唯一的义务可能只是会提及是你"启发"了最终产品,又该怎么办?你会加入这项工作吗?
>
> 虽然这听起来似乎有悖常理,一些世界最著名的地标和公共场所都有一个共同点——他们最初只是一场比赛中的构想。伦敦奥运会遗产公园、巴塞罗那当代艺术博物馆、纽约市的总督岛和高线公园,都证明了设计比赛的蓬勃发展。随着大量资源的投入,人们趋

> 之若鹜地热情参与也就理所当然了。
>
> 　　设计比赛之所以令人瞩目，是因为它们是整个建筑行业的盛事。事实上，有些比赛还故意要求参赛者匿名，以创造公平的竞争环境，给予新人脱颖而出的机会。有时人们参赛的唯一动机就是出于对声望的渴求。
>
> 　　对于客户而言，设计比赛带来的好处是显而易见的，一个项目可以从中得到很多创意。对于新人来说，比赛为他们提供了出人头地和被关注的可能性。而对于那些已经在建筑业建立了自己的地位的人而言，曾经得奖的历史将会让人们接到更多私人比赛的邀请，这意味着他能获得更多的声望和更丰厚的回报。对于整个世界而言，人们有幸能见证设计的未来。从游戏化的角度来看，这里面没有输家。

　　该游戏一开始就有超过20%的人参与进来了。它打破合作方式的独特办法是，让10%的员工把创意提供给系统，他们被命名为"建议者"；超过50%的人成为"合作者"，负责为这些创意提供补充和修正意见。最后一部分人被称为"连接器"，鼓动那些在他们周围并且有可能对这个项目有所帮助并会乐在其中的人参与进来。最终，从来自97个国家的员工当中产生了2 300多个创意。尽管花旗对这些创意守口如瓶，但其中有四个创意被提交给了花旗的高层，其中还有一个被选中并在银行内部得以推行。

　　苏珊·安德鲁斯在苹果公司工作期间，学会了怎样做到同时吸引消费者和员工。苹果公司备受推崇的创新技术包括自上而下、从细节到整体的策略和"创意始于提问"的基本原则。事实上，苹果公司认为，提的问题越多，就越能捕捉到更好的答案。EBTIC 对苹果公司创新战略案例进行的研究所得出的结论就是："创新，就是你找到答案时会发生的事情。"在某些人看来，苹果就像个捣蛋鬼，一个接着一个地颠覆不同行业，并一次又一次地改变了世界，这证明了他们引领创新的方法是通过去接触，而不是猜测。

当安德鲁斯来到花旗银行时，该公司随着银行业危机的加深，已从行业领先者（花旗银行是第一家提供自动取款机和网上银行服务的企业）衰退到只能勉强维持的地步。现在，通过改造客户体验和银行本身，花旗银行又重新成了行业的创新者。未来的花旗银行将实现完全自动化，想象一下吧，就像苹果专卖店那样的银行会是什么样的。一款新的应用程序在 2011 年上线，推动花旗银行更紧密地为客户创造革命性的银行体验，顾客在这个应用中将扮演银行家的角色，通过模拟现实世界的银行体验来学习什么是开源节流、增长收益的最好办法。

当然，没有人会认为花旗银行或者说整个银行业是员工互动和参与方面的创新者。但由于全球经济危机的影响，加上不断加重的内部和外部压力，迫使整个银行业不得不加速再造。并不是跟游戏类似的企业运用游戏化才能得到最好的效果，那些跟游戏毫无关系的企业，往往却是最需要游戏化的。

创新未来

在大型的、行动迟缓的、受监督的企业环境当中，对创新的需求同样为"竞争卓越计划"（Race to the Top）带来了一项非常重要的设计。这是一个耗费 43.5 亿美元的项目，于 2009 年在美国总统奥巴马的领导下进行开发的,并由教育部来执行,旨在促进国家级教育政策的创新。

"竞争卓越计划"的基本设计理念是,各州政府在加强教师和学校问责、技术的基础建设、提高课程标准等方面实施具体的教育改革措施的,就可以获得积分。该计划用一张曲线图标来区分美国各个地区和州的等级,发布他们的成绩,使大家可以进行比较。在每一轮竞争中,如果哪个州相对于其他州做得更好,就能够获得更多的资金。

竞争和财务激励促进了对大规模改革的推动,例如,夏威夷州只用了一年时间,就在准备措施和现代化建设方面,从低分位置跃升至顶端。美国各地的学区举行集会以支持该计划,使家长、学生和教师共同提高意识和团队精神来改进学校,建设现代化的校园。总的来说,以市场为导向的改革以竞赛的方式取得了想要的效果。例如,加利福尼亚州现在把学生成绩数据与老师和学校的绩效数据相关联,并建立了排行榜,从各个层面进行比较。而奥斯汀、得克萨斯州则先后开发了基于积分的奖金制度,根据学生的成绩及其他行为(如互相辅导)情况来奖励教师。

关于"竞争卓越计划",我们无从考证的就是它是否真正提高了学生的成绩。该计划运行的时间还不够长,还不能看到结果数据。这个计划的确很出彩,但如何将游戏化应用在达成潜在的目标上呢?在"竞争卓越计划"当中,通过学校的完善来达成学生的成绩就是潜在的目标。关键是你要为商业目标定义一些指标,并保证它们是可追踪和可实现的。历届联邦政府的行政部门都试图通过"游说"来使学校实施现代化。从大量购买计算机用于校园信息化建设,到《反石棉法规》[①]的出台,

---

[①] 在 1970 年之前,美国在建筑中大量使用石棉,由于石棉具有易燃的特性,后来政府出台法律禁止使用石棉,尤其是在校舍的建设当中。——译者注

他们已经尝试了几乎所有的方法，但都收效甚微。然而，这正是实施"竞争卓越计划"的目的：挑战整个学校社群——包括家长、教师、行政官员和学生。

就像"竞争卓越计划"一样，变化需要从某个地方开始。要更便于对我们的项目表现进行分析，对它们明确的目标（包括确切的数据）建立起清晰的认识，还有用来收集和分析相关数据的手段与方法，这些都是和游戏化一起使突破得以实现的重要基础。

游戏化三大关键策略之模拟策略

有时候，在游戏化的环境当中设置市场还不足以推动创新。这也许是因为，对于大众来讲，情景要么太复杂，要么太特殊；或者，是因为用户在直接体验之前无法真正看到机会。

这些情况就需要一种以模拟为主的设计。用来创新的员工模拟游戏的数量早已激增。这在日本最大的IT服务公司NTT数据公司尤其突出，NTT数据公司也是全球最大的业务流程外包的服务咨询公司之一。

该公司的内部创新负责人诺林·梅拉吉（Naureen Meraj）为公司开发了一个名为"Go领导力"的模拟方案，用来帮助公司内部不同的团队成员推动客户创新。在该公司的58 000名顾问当中，有很大比例的一部分人是与客户在一起现场工作的，这种远离公司却作为客户团队一部分的状态，经常是5年、10年，甚至是25年。1988年才成为实体企业的NTT数据之所以现在每年能产生超过1 400亿美元收入，原因

第 5 章
让员工创新的星火燎原

之一就是这家企业员工们的奉献精神和稳定性。

然而,这种与客户之间的亲密是要付出代价的。长期的派遣使 NTT 数据的咨询师们对客户的情况了如指掌,甚至比对自己的雇主还熟悉。咨询师与客户之间的这种程度默契刚开始可能看起来很理想,但随着创新变得越来越重要,这些咨询师便很快成了拖后腿的人。毕竟,客户雇用这些外人首先是要确保能给其带来新的思维和创新。

作为他们中的一部分,这些咨询师们经常反映在工作中有"卡壳"的感觉。孤立于一个又一个雇主之间,这些曾经积极上进的人陷入了自己的迷离怪圈。在文化上不属于任何一方,偏离了进步与创新之路,这些员工很少能够达成 NTT 数据以及客户对创新和效率的目标。所以,问题来了:如何让这些咨询师们深深地融入雇主的企业,以避免他们失去自我优势呢?

于是,公司给他们带来了 NTT 的游戏化的创新解决方案——"Go 领导力"。

游戏化的计划始于几年前,那时,公司最初培训梅拉吉作为一个指导顾问,在 NTT 公司负责开展游戏化的互动。她从在会议中运用简单的破冰游戏和创新催化开始,不久之后,她又增加了一些小游戏,用于推动增强创造力和培养跨文化交流。随着公司慢慢地意识到游戏化的重要性,位于西雅图的关联公司找到梅拉吉,让她带头实施一项重大的举措。从最初的概念产生到执行,在只有 12 个月多点的时间里,梅拉吉的"Go 领导力"游戏利用一个虚拟世界帮助咨询师们在现实世界中脱颖而出。

先是从有关共同价值观的测试、问答和挑战开始，最终发展到在虚拟世界中互动，通过这些模拟游戏让咨询师们应对各种紧急情况，例如，刺头员工和客户关系问题。"Go 领导力"的作用是指导员工一步一步走向管理层（沿着其他职业轨道发展），面对复杂情况，应该如何把工作做得更好，并考验他们的耐力。你在游戏中表现得越好，在真正的工作中获得晋升和奖金的机会也就越多。通过与 NTT 高层管理人员谨慎地沟通，梅拉吉成功地实现了将虚拟的和现实的成果联系起来，全面提升了获利和刺激程度。

该公司把游戏化引入到了追求卓越的合作（简称 COE）中——把"Go 领导力"的成功做法运用到"Go 平台"当中。就像前面谈到的 COE 案例，NTT 数据现在希望能够将内部的游戏化导出，用来服务他们的客户。不同于其他被转化为对外产品或服务的游戏化方案，Go 的模块化设计已经可以被用来迅速解决客户的独特需求。例如，如果 NTT 的咨询师正在为银行客户的应付账款处理流程而绞尽脑汁时，就可以利用 Go 的游戏模块，快速创建一个训练和表现游戏，以解决具体的问题。

在游戏中，咨询师们可能会面对各种危机，例如，供应商坚持要求付款，但实际上早已根据发票完成支付了；或是来自管理高层的重大现金流压力，甚至整个计算机系统发生崩溃。在每一种情况下，正确的答案和实施步骤可能都会基于具体客户在现实中的处理方式，因而使每一个挑战都是独特且可应用的。通过轻而易举地将现实情景加入游戏，NTT 数据希望能够在咨询的质量和灵活性方面获得超越竞争对手的巨大优势。

很多公司通过使用游戏化的模拟来驱动创新成果，包括一些主流品牌，如耐克。该公司已经开发了一个供应链模拟游戏，在整个公司当中带动了的具有重要意义的生态意识。美国各地的政府，比如圣何塞市和北卡罗来纳州，使用模拟游戏来产生用于平衡预算的创新计划。整个企业界，如 ExperiencePoint 公司和 IDEO 公司为企业特意量身定制有关通过模拟创新的研讨会和讲习班。

与此同时，更多自觉的和情感化的游戏化技术也占有一席之地。其中主要的就是——玩。是的，就是玩。玩，是一个简单的概念，但在工作和创新中却一直是既饱受争议，又特别有效的元素。

游戏化三大关键策略之玩乐策略

玩，被概括地定义为所有以娱乐或享受为目的的活动。这个词本身看起来似乎与工作场合没有任何关系。然而，越来越多的证据表明，在工作场合，玩的行为能够促进恢复，并有助于推动创新和追求卓越。但是，玩似乎总是作为"工作"的对立面，被冠以坏名声，或被认为是微不足道的。

种种研究和分析已经表明了玩对于推动创新的许多好处。研究员亚历山大·斯泰尔（Alexander Styhre）在玩显微镜的过程中通过镜头发现了新药，实现了具有重大影响的研究，他的事迹无不体现出了游戏中的机会和技能元素，以及玩的行为是如何推动创造和创新的。一些学术分析，如大卫·艾布拉梅斯（David Abramis）在其 1990 年出版的《在工作中玩耍》（*Play in Work*）一书中改变了我们对玩乐的理解：在办公室里，虽然有些类型的玩与推动进步并无关联，但另外一些类型的玩（特别是游戏）则有助于提高人们工作时的成功感。

工作、创新和玩之间的根本性对立关系难以一言以蔽之。玩的问题在于，当它是被强制的，或是带有功利性目标时，就无法体现它本身的作用——使人放松，推动创造，创造关联性以及恢复身心。那么，一流的企业是如何解决这个矛盾，并从玩当中获得有益的收获呢？按照艾布拉梅斯的发现，在游戏中玩普遍能产生最佳的与工作相关的结果。因此，当我们需要不受拘束的自由发挥来使我们的灵感四溢时，就可以运用这种方法在短时间充满创新动力。

总部设立在旧金山的 Woopaah 公司就是一家专门从事这项工作的创业企业。Woopaah 公司由史黛拉·格里桑特（Stella Grizont）创立，采用积极心理学原理和想象力的元素，为企业管理人员建立一个用来学习、联系和恢复身心的"游乐场"。这种体验包含了一系列的活动，从组队穿过一间完全就是迷宫的屋子，到与陌生人一起进行艺术创作等，旨在提供积极的鼓励和"伸展"创造性，这正是那些承受着压力的大忙人们所缺少的。

谷歌开创"70/20/10"创新模式时也正是这么考虑的。公司前任首席执行官埃里克·施密特指出："在谷歌，员工用 70% 的时间投入核心业务，20% 的时间投入相关业务（也称为自由创新时间），10% 放在探索其他业务上。"可自由支配的时间，这是高度以工程师为主的谷歌文化中一项众所周知的"福利"，一些非常成功的新产品也因此而诞生，包括谷歌邮件、谷歌新闻、谷歌聊天以及谷歌广告服务。通过为员工创造了一个能肆意发挥创意的"安全"空间（管理人员不会对员工的尝试横加干涉），谷歌培养出了具有非凡创新性的企业文化。

谷歌公司内部到处都有可供员工休闲娱乐的设施，包括沙滩排球和游泳池等。而且，谷歌并不是唯一鼓吹这种新型"工间休息"的企业。虽然曾经被冷嘲热讽，但如今在所有充满活力的公司里，桌上足球和Xbox360游戏机已经成为休息室的标准配置了。

> **游戏化阅读**
>
> 登陆http://gamrev.com下载《游戏化革命》配套应用程序，了解Woopaah是如何工作的，"创意街"设计者詹姆斯·加德纳犯了哪些错误，哪里还有大量创新专家关于如何激发天才创意的讨论。去网上拓展和分享你对创新的思考和见解。

莱利·吉普森（Riley Gipson）是社交化创业网站社餐巾纸实验室（Napkin Labs）的首席执行官，是玩乐推动创新的坚定信徒。他在为《公司》杂志（*Inc.*）撰写的文章中谈道："孩子们都超有创意。这是为什么呢？因为当他们在玩耍的时候，没有任何东西限制他们的想象力。在餐巾纸实验室里，当我们有一个问题要解决，我们通常会尝试后退一步，让心灵进入到孩子般的状态，完全忽略现实。是的，虽然许多被提出来的想法或许行不通，但这种伸展我们心灵的行为常常会带来一个又一个的突破。"

与餐巾纸实验室一样，IDEO是另一家在创新中运用"不受拘束的"玩乐而获得巨大成功的公司。1991年，通过兼并多家设计公司，IDEO成为全球一流的从事工业设计、产品设计和体验设计的专业公司，并且连续获得多项设计比赛的大奖，如著名的《彭博商业周刊》和美国工业设计师协会（IDEA）颁发的"年度工业设计卓越大奖"。同时，IDEO还为相当多的世界上最大且极具创新性的企业提供咨询服务。不出所料，IDEO 的首席执行官蒂姆·布朗也同样对玩乐的力量深信不疑。

该公司经常运用角色扮演的方法来进行设计的探索。其中最有名的是在进行一个改造医护体验的项目过程中，IDEO 的设计师们自己假扮成病人到医院检查身体。他们在调查中很快发现，病人大量的时间被耗费在毫无价值的排队分诊过程中——无所事事地盯着天花板，周围满是喧闹的声音。这种体验的影像被用于指导以用户为中心来设计各种不同的应用程序。更确切地说，它成了一种要求围绕病患的需求重建医院工作流程管理的战斗口号。

IDEO 公司还采用好玩的比赛，比如，利用"假日姜饼装饰大赛"来刺激横向思维和鼓励新型的员工互动。和谷歌公司一样，IDEO 认为要时常给员工一些休息时间，比方说，结伴去看一场体育比赛。通过创造玩乐的空间带来惊喜和快乐，IDEO 公司得到了两全其美的结果：一种成本低廉、简单且充满乐趣、能够促进创新和团队建设的方法。

虽然不同的公司对各种玩乐的接受程度会有所不同，但其核心理念是清楚的，即玩乐能使人变得更出色。玩乐产生的远不只是一次性的短期好处，它平衡了现代职场的压力，为推动创新创造了开放的空间。你的企业会如何为玩乐来创造空间呢？游戏化并不需要花很多钱去尝试，然而潜力却是无限的。

游戏化正在迅速成为创新战略储备的关键元素。通过运用一些游戏化的设计，如交易市场、模拟和纯粹的玩乐，许多不同规模的企业正在打造能够带来创意和成果的工作环境。显然，游戏化也有助于企业建立合作风气，许多员工都认为那是很有吸引力的，这就使游戏化发挥了另一个关键作用——成为招聘和留住人才的驱动力。

THE GAMIFICATION REVOLUTION

第6章
用游戏化重塑人力资源管理战略

虽然游戏化经历了漫长的发展历史,但如今在招聘、培训、人才发展等人力资源管理工作中对它的运用正在迅速增加,其效果轻而易举地超越了传统手段。来自医药、食品和技术等不同领域的数以百计的初创企业,正在通过游戏招到优秀人才,并推动其产生更好的绩效表现。

1983年，美国经济开始复苏，这是美国经济发展中的一个深刻时期。不分行业地刺激商业发展，增加了美国青年的教育机会，为政府创造了最高的税收盈余。实际上，从当时美国的景象来看，人们在20世纪80年代的生活是幸福而繁荣的。这点从个人的穿着打扮上就可以看出来，从电视剧里的演员到隔壁家的邻居，大家都在头上涂抹了不少发胶。

不过，有一个单位却在饱受痛苦，那就是美国军方。对于18~25岁的男性而言，因为有着相当多的选择机会，像当兵这种完全凭个人自愿的义务，就不会得到他们的响应。由于在意识形态的层面除了一直酝酿着的冷战，与之相比并不存在真正的冲突，所以打着"责任"的旗号征兵已经很难让美国青年产生共鸣了。

于是，军队发起了一场鼓励年轻人去"成就你能成就的一切"的活动，试图把当兵这件事包装成一次"冒险"，而不是一种"责任"。不过，美国的征兵工作在20世纪90年代又变得停滞不前了，而向年轻人承诺

第 6 章
用游戏化重塑人力资源管理战略

奖学金和其他资助使征兵成本变得十分昂贵，实际上已经和招募雇佣兵没什么区别了。

正如第 2 章所提到的，在 2002 年，当退休上校凯西·瓦登斯基设计的《美国陆军》游戏一经推出，征兵工作就被永远地改变了。利用计算机游戏技术，《美国陆军》为玩家提供了一种虚拟的陆军体验。该游戏并没有被明确地设计成鼓动玩家马上去应征入伍，恰恰相反，用瓦登斯基上校的话来讲："《美国陆军》的目的是希望高中毕业生思考职业生涯时，会把参军作为一种选择来讨论。"

此外，这里还有一个令人兴奋的意外收获：以这种方式招募新兵最后竟然降低了购置成本，并且《美国陆军》成了军事历史上最具成本效益的招聘项目。在过去的 10 年中，这款游戏的开发一共花费了 3 300 万美元，维护成本则更低——这个数字和军队 7 亿美元的年度预算相比，太微不足道了。在此期间，军方发言人在国会声称，在与新兵建立沟通方面，《美国陆军》比其他任何方法都更有效。2008 年，美国麻省理工学院研究了《美国陆军》游戏的成果，发现有 30% 的美国青年因为这款游戏对军队产生了积极的看法，这种方式对新兵的影响也比其他形式的广告组合更明显。多年来，《美国陆军》以超过 900 万次的下载量一直在主视角射击游戏排名当中保持前十名的位置。

此外，玩家还通过玩这款游戏对军队生活有了一定的了解。曾经玩过《美国陆军》的新兵，与没玩过的人相比，更有可能通过入伍后最难熬的前九周的基础训练。这个游戏给了新兵们一种了解军队的新途径，没有任何广告、口号和画有山姆大叔的海报，却达成了这些方法不曾做到的效果。

同时，由于这些新兵们对他们即将开始的军旅生活已经有了一些概念，并且从某方面来讲，他们已经通过游戏接受了初步的训练，这对于军队本身也是大有裨益的。例如，想要在《美国陆军》中成为一名医护兵，玩家必须先经过游戏里的一些专门训练。虽然这种训练只是针对虚拟实境，但也能够在现实世界中产生积极的影响。帕克斯顿·格莱瓦尼克（Paxton Galvanek）曾经在《美国陆军》中玩过并体验过一名医护兵的角色，游戏中所学到的军事救护知识帮助他在面对现实中的车祸时，对现场伤病员进行应急处置，成功挽救了生命。而此前，他并没有接受过医疗培训，也没有任何相关经验。

《美国陆军》是一个复杂的游戏，开发周期漫长，需要经年累月不断改进。不是所有伟大的游戏化招聘都需要如此大手笔的投入。是什么令《美国陆军》获得了如此彻底的成功呢？答案就是：好玩。玩家们喜欢这个游戏，"附带着"为军队本身带来益处，至少从玩家的角度来看，后者顶多是个意外。通过做一个游戏，或者参加一项挑战，只要好玩，吸引玩家就会变得非常简单。

游戏化阅读

计时阅读请阅读下一节"像苍蝇叮蜜糖一样让招聘变得有趣"，计算阅读该节内容所需的时间。注意：您必须能够回答本节最后的一系列问题，并且也计算在阅读时间之内！

计时开始！

第 6 章
用游戏化重塑人力资源管理战略

让招聘变得有趣

2004 年，谷歌在硅谷放置了一个广告牌，上面写着："{e 中出现的连续的第一个 10 个数字组成的质数}.com"，除此以外，没有提及任何与谷歌有关的信息。虽然很多硅谷的非数学领域的极客开车经过时，根本不会抬眼看一下，但这则广告却激起了数学奇才们的兴趣，而他们也就是谷歌需要的人才。这个广告谜题的答案是：7427466391.com。在计算机上输入这个地址，将带领用户来到一个页面，上面有另一个等待解决的数学问题。一旦用户解答成功，他们会被带到谷歌实验室的页面，读到下面这段话："我们认为，建立谷歌最简单的方法是，寻找正在寻找我们的人。我们正在寻找的，是世界上最优秀的工程师。而你就是！"

从世界领先的软件公司得到如此褒奖，会让人产生一种无法言语的兴奋和幸福感！这个以谜题形式呈现的"秘密"招聘工具，确保了那些试图解决它的人在挑战中实际上得到的是与其个人相关的既得利益。一般人不会刻意去解决这类问题，更不用说搞清楚一个放在广告牌上的随机数学公式。而这正是谷歌想要的：非典型数学爱好者和乐于解决问题的人！

通过广告牌挑战并吸引合适的应聘者，使谷歌得以在一群非凡的候选人中有效地开展招聘工作。游戏化是非常有效的招聘工具，它能够帮助企业进行大规模的人才筛选，包括加入和离开组织。而且，游戏化的招聘也能让最好的企业从一开始就向热门人选展示良好的公司形象：我们是一个有趣而引人入胜的公司。这也是在竞争性市场当中获取人才的关键策略。谷歌的招聘模式在提供高质量的工程师方面取得了巨大成功，并且已被其他公司不断效仿以期会达成同样的效果。

例如，一个智能手机上的应用程序搜索引擎Quixey，同样在寻找有工程和技术背景的雇员。和谷歌一样，该公司并不打算在招聘人员方面耗费高额成本，而是创造了名为"Quixey挑战"的游戏。Quixey公司并不是用创意广告牌来吸引路人的好奇心，而是将游戏设置在网站上，并用100美元的现金奖励来吸引参与者。参与者首先必须解决三个实际问题，才能面对真正的挑战——在Skype观众面前，用1分钟纠正一项算法错误。2011年12月，有38人赢得了这项挑战。其中，有5位具有求职意愿的人被邀请加入公司。公司仅仅花费了3 800美元，就找到了最理想的员工，而经过比较，如果运用传统手段招聘，费用标准很容易超过十万美元。

> **风险与回报**
>
> 显然，Quixey公司在这项招聘活动中是冒了风险的。但是，在一个精心设计的游戏化系统中，你应该是能够控制整个局面的。例如，你可以控制人数上限，限制尝试的次数，甚至可以通过"邀请函"的方式来调整进入请求。但这样做，欺诈和作弊的比例很高，无法保证所有人都会做得光明正大。处理任何潜在风险的最好办法，就是要有严格的服务条款（TOS），并有睿智的人在管理整个过程。这样一来，通过对不良行为的及时警告和经常提醒，游戏化可以切实增加你对这种挑战活动（如招聘）的直接控制。

除了节约招聘成本外，Quixey 还获得了一种重要的文化工具，那就是通过公开竞赛，获胜者们在锻炼过程中体会到了一种共同的认同感，增加了他们与公司以及其他同事之间的默契。即使在此之前，人们已经组成了所谓的团队，但这样的团队建设活动随着时间的推移，仍然能够带来实实在在的好处，特别是在要求员工拼命工作的初创企业中。此外，用可管理和周密的方法海选应聘者，能使企业在竞争中遥遥领先。通过利用游戏化的力量，你可能会发现在最不经意间找到了最优秀的人才。

游戏化阅读

请回答以下问题：

- 哪家公司通过广告牌上的谜题吸引应聘者？
- 判断对错。有超过 100 人赢得了 Quixey 的挑战。
- 在本节讲述的第一个案例中，赢得挑战的获胜者会被告知，他们是"世界上____的工程师。"
- 判断对错。本节得到的最大启示是：让合格的员工来找你，比你出去找他们更好。

通常人们阅读本节内容的平均时间为 2 分 31 秒。你做得如何？如果事先知道这个平均时间，会使你读的更快吗？

请查看本书最后的答案，以确保你的回答是正确的。

阅读下一节"游戏化的职业道路：欧莱雅的在线职业之旅"并正确回答配套问题的平均时间为 1 分 52 秒，你能打败这个成绩吗？

开始挑战！

游戏化的职业道路：欧莱雅在线职业之旅

  与以往任何时候相比，越来越多的大学毕业生无法确定自己离开校园后的职业道路。年轻的潜在应聘者对具有灵活性的工作更感兴趣，并根据何时及如何工作做出自己的选择。他们对坐在办公桌前勤勤恳恳一步一个脚印晋升的传统工作环境不感兴趣。如同在工作之外的生活一样，他们期望在工作中获得尽可能多的价值。对想要聘用他们的企业而言，一个能够帮助年轻人实现有意义的职业道路的游戏，无疑是一笔宝贵的财富。

  招聘应届大学毕业生的常见方法就是举行招聘会，不管经济环境如何，招聘会一直是重头戏。例如，自 2012 年，圣迭戈大学就单独举办了 21 次大学生招聘会，而这所学校不过是全美国近 4 500 家学位授予机构之一。但在过滤无用信息方面，招聘会并不是很有效，从而使学生错失就业良机。

  全球化妆品巨头欧莱雅公司知道它需要更多合格的应聘者来填补空缺的岗位。同时他们也清楚，自己想要的这些人才，从程序员到工程师，他们对高端化妆品牌并不感兴趣。欧莱雅渴望这些人的加入，却面临着一个困难，就是要说服他们。因此，在 2010 年，欧莱雅推出了《欧莱雅在线职业之旅》（以下简称：职业之旅）（*L' Oreal Reveal*）的一款具有竞争性的招聘游戏，如图 6—1 所示。这是一款用来让大学毕业生们了解化妆品行业的招聘广告。这个游戏面向大学毕业生，以重塑他们对实际工作环境感受的期望。欧莱雅的目的是为了让学生们

第 6 章
用游戏化重塑人力资源管理战略

体验从产品设计、市场营销到财务核算等各个环节，更好地了解一切，明白自己所学的技能是可以在化妆品行业中大有可为的。《职业之旅》也让招聘者能够接触到实现高分的人，从而对潜在的合适人选与职位空缺进行匹配。

这个游戏用来帮助学生发现一条目标明确的职业道路，同时也为职业道路找到适合的人。它提供了一个虚拟体验，让学生们在应聘之前，就对欧莱雅全部的工作环境有所了解。《职业之旅》不仅改变了欧莱雅的招聘方法，还为应聘者提供了一个深入了解他们想要从事的工作的机会，正因为如此，当他们入职后，才能够更好地胜任这份工作。

图 6-1 "欧莱雅在线职业之旅"游戏界面

据全球最大的数字招聘广告公司 TMP Worldwide 的统计，在游戏正式上线前，每天会有成百上千的人注册，有超过 21 000 人参加。《职业之旅》的成功完全是在意料之中的事。在此之前，欧莱雅在游戏化招聘方面投入了整整 20 年的时间，早已是这方面的全球领导者了。从 1993 年开始，欧莱雅就已经推出了一个真实竞赛，以发掘年轻人和忠实用户的能力，被称之为"品牌风暴"（Brandstorm）。这个活动不仅是用来招聘大学生的，还要从全球范围内把他们招募过来。

游戏化阅读

请回答以下问题：

➢ 判断对错。在招人的时候，招聘会是一个有效去除多余信息的方式。

➢ 欧莱雅想要招聘的是哪方面的人才？

➢ 《欧莱雅职业之旅》为玩家模拟了怎样的体验？

➢ 《欧莱雅职业之旅》正式推出时已经获得了多少注册用户？

你的表现如何？有没有创造新成绩？

请查看本书附录部分的答案，确保你的回答是正确的。

现在，我们要进入下一节"品牌风暴：现实世界中的招聘创新"。看看你能不能超越你自己的最好成绩！

品牌风暴：现实世界中的招聘创新

每年，都有许多个三人团队展开角逐，为欧莱雅旗下的 23 个国际品牌之一设计新产品并制定营销方案，这项国际竞赛就是"品牌风暴"。这项竞赛 2012 年的比赛主题，是为"美体小铺"（Body Shop）设计产品。美体小铺是凭借道德的方式，生产乳液、香水、化妆品及肥皂等产品而闻名的全球品牌。

"品牌风暴"旨在为年轻人的优秀营销想法创造一个交流的环境，并付诸实施。除此之外，这也给欧莱雅带来了一个与年轻消费者互动的机会，更好地了解他们的需求和兴趣。最后从年轻人身上的所见所知中形成了一些有价值的营销经验。在 2012 年的比赛当中，其中的一个项目是为假想的男士深层清洁产品制定营销策略。欧莱雅要求每个参赛团队思考数字化交流互动的可能性，并要求将数字技术的应用作为营销策略的核心。欧莱雅将在巴黎公布从来自全球 40 个国家选手中脱颖而出的获胜者。

在开始的第一轮比赛中，欧莱雅收到许多产品设想以及完整的营销计划。在这些方案里，每一个创意提供的不仅是今天的孩子们想买什么，还表达了他们希望如何购买。2012 年的这次"品牌风暴"为欧莱雅提供了这样一个机会：让他们不仅发现了有潜力的年轻雇员，同时还了解到了他们的沟通方式。

"品牌风暴"用非常低的成本获得了高质量的雇员和创意，并且创造了一个获取知识与追求卓越的循环通道，对整个企业产生了积极的影响。来自"品牌风暴"的创意被注入到公司当中，而优秀的新人在此过程中也了解和熟悉了公司。久而久之，游戏化招聘产生了更高质量的职位候选人。那些具有竞争本能的人会对游戏化挑战表现出特别的兴趣，并作出积极的响应。最终，这个循环通道也促进和推动了公司向前发展，正如欧莱雅副总裁苏米塔·班纳吉（Sumita Banerjee）对"品牌风暴"的评价："'品牌风暴'已经成为欧莱雅全球业务战略的一个重要支柱。"

在设计领域，一直以来都是通过比赛来征集设计方案和发掘人才的，但在招聘工作中运用比赛的形式的确能产生令人惊讶的结果。当越来越多的行业走向全球化，让应聘者更好地理解哪些雇主在全球市场特别重要，就变得极具挑战性。

游戏化阅读

请回答以下问题：

- 2012 年的"品牌风暴"活动主要聚焦于哪家公司的新产品？
- 判断对错。"品牌风暴"为欧莱雅带来一个机会，不仅了解到什么是今天的年轻人想买的，还有他们会怎样购买。
- 有几个国家的团队参加了 2012 年的"品牌风暴"比赛？
- 对欧莱雅的"品牌风暴"活动有特别兴趣的潜在应聘者都具有____本能。

当你阅读本章的下一章节，请继续计时。

第 6 章
用游戏化重塑人力资源管理战略

万豪酒店和达美乐比萨的游戏化

聘用工程师、技术专家以及其他高技能人才，只是运用游戏化招聘实践的冰山一角。公司招募非熟练工同样也可以采用游戏化的策略，以建立一个坚实的员工基础。实际上，那些自认为疲于招人的企业必须要跳出传统招聘的巢臼，为他们的团队找到可靠的、值得信赖的、勤奋的未来伙伴。

服务业也不例外。外送巨头达美乐比萨早已受够了自己出了名落后的招聘系统。每年有成千上万的求职申请都石沉大海。该公司需要一种更好更快速的招聘方法，能够让员工了解他们提供的服务对于精打细算的主顾们的重要性。于是，一个可下载的应用程序《达美乐比萨英雄》（*Domino's Pizza Hero*）应运而生，以帮助公司更好地把潜在员工与门店的职位空缺联系起来。该应用程序让玩家在一定的时间内完成如揉搓面团、制作馅料、烘烤比萨饼的虚拟操作。其他玩家则按馅料、外观、食欲的顺序评比出制作成功的比萨饼。玩家在游戏中还可以下单购买自己或其他人创作的比萨饼，这也是对比萨饼作品进行评分的手段。当玩家通过了挑战和关卡，达美乐公司会向该用户提供工作机会和奖励。

在《达美乐比萨英雄》游戏发布的前第 28 天，通过该应用程序卖出了超过 100 万美元的比萨饼。短短几个星期之后，销售额迅速窜升至每周 100 万美元。而且，尽管这项招聘计划仍处于起步阶段，但每天有成千上万的人在玩《达美乐比萨英雄》，而它也确实很好玩，所以在那些未来员工的眼里，达美乐的工作看上去越来越有吸引力。

对于达美乐比萨这样的公司而言，借助游戏能够提升他们在不断变化的招聘工作中的水平；而对于那些因员工缺乏斗志而陷于困境的公司而言，游戏就更有帮助了。2012年，旗下连锁酒店遍及全球的万豪国际集团发现在其总数为129 000个开放招聘的职位当中，任何时候都有50 000个美国以外的职位空缺。在美国以外地区，特别在年轻雇员当中，由于高流失率造成了留用员工素质普遍不高的问题。

万豪集团关切的是，最有潜力的员工并没有把服务业当成是一份事业。于是，该公司推出了《我的万豪酒店》游戏（*My Marriott Hotel*），以解决其自身的品牌问题。在世界上的一些地区，尤其是中国和印度这些服务业刚刚呈现井喷的市场，对西方商业酒店的文化仍然比较陌生。此外，在人才市场中只有极少数人拥有相关的经验。《我的万豪酒店》作为一个游戏，不仅是用来吸引年轻一代的，而且也是为了增强公司的品牌形象，特别是让人们觉得在万豪工作是件很有面子的事情。

玩家进入《我的万豪酒店》后，首先要开一家餐厅。使用类似于*Zynga*旗下热门社交游戏《开心农场》或休闲游戏《美女餐厅》（*Diner Dash*）的游戏机制，万豪创造了一个游戏化的体验，玩家可以在游戏中做很多事，从装饰餐厅、订购食品，到维持预算。在玩游戏的过程中，他们可以尝试酒店业务中的每一个岗位。

2011年6月，《我的万豪酒店》在Facebook上推出时，提供了多种语言版本，包括英语、简体中文、阿拉伯语等。几乎在游戏上线的同时，就吸引了几十万名活跃用户以及成千上万的页面浏览量。其中最引人注目的就是游戏页面顶部的网幅广告，上面写着一句话："为现实而做"（Do It For Real）。用户点击后就会看到列有50 000个就业岗位的招聘页面，并且会有招聘人员在线沟通，帮助解答相关问题。

意义非凡的游戏化培训

美国军方、欧莱雅和万豪都了解到，游戏不仅有助于筛选出合格的、有意向的人选，也有利于向他们传递对职位本身的意义的理解。就万豪而言，比如说，扩展到国外市场，就立即遇到员工对自己所提供的产品和服务缺乏了解的问题。具体来讲，比如：给顾客的可乐应该是热的，还是冷的？对顾客而言，那杯可乐的价值是什么？他们为什么需要？当一杯可乐的价格相当于服务员在老家一天的收入时，他们怎么才能理解这些背景的含义呢？

亚利桑德拉·瓜达诺（Alexandra Guadagno）在为网站"人力资源"（Human Resources）撰写的一篇文章中，提到了《我的万豪酒店》的设计方伊维瓦公司（Evviva）的首席执行官大卫·吉本（David Kippen）与万豪北京地区酒店的一位经理之间的对话。

当时，这位经理提到在招聘新服务员时，反复观察到服务员走向桌子为客人提供可乐时，每一次手都在颤抖。

"他的手在发抖，"吉本说，"因为这杯可乐，在某种程度上对他而言就是液体黄金。"

通过把提供可乐的情景置入游戏环境，加上赢得游戏的点数，万豪能够诱发和奖励正确的行为。例如，服务员在游戏中会看到可乐从冰箱里被取出，放上冰块，然后轻松地放到客人面前的桌子上。这种跨文化的教学的目的，是为了帮助学习者理解和推动服务规范。

虽然能塑造简单的行为，但对于更复杂的挑战、产品或商业目标，运用游戏看似就有点违反常理了。的确，游戏化正在不同的行业当中启发相似的体验，而且它在提升员工的表现和专业知识的同时，页提升了员工的满意度。

通过游戏化降低培训成本

对众多企业来说，培训历来都是一个需要高成本投入的地方。例如，花钱派遣员工去参加一些会议，或为解决具体需求而聘请讲师或培训师，更不用说培训对实际工作时间的占用，这些对企业都是巨大的负担。

也有人对此类培训的效果抱怀疑态度，认为这会让员工分心，他们可能对去举办会议的城市观光更感兴趣，或为办公室里那一堆还没做的工作而忧虑。不管哪一代的员工，都和正在崛起的千禧一代一样，对传统的信息传播手段兴趣寥寥，如果培训缺乏意义，或者缺乏娱乐价值，他们就很容易分心。另外，当人们感到无聊、疲惫或根本不在乎时，他们又能从培训中真正学到多少呢？

在任何企业中，培训都是核心任务。安排新手们直接上岗会导致公司在很多地方付出代价，甚至发生代价高昂的生产事故。在某些领域，如医疗领域，这些错误会被打上另一种不同的标签——攸关生死。

第6章
用游戏化重塑人力资源管理战略

自21世纪初开始就有研究表明，在医疗领域，玩培训游戏时间的增加与员工的表现提升是紧密联系在一起的。例如，纽约贝斯以色列医院的詹姆斯·罗瑟博士（Dr. James Rosser）通过研究，比较了腹腔镜外科医生花在培训游戏上的时间以及他们的表现。他发现，在被叫做《壮志凌云》（*Top Gun*）的一款腹腔镜技能测试游戏当中，玩游戏时间最多的医生中有三分之一的人比其他外科医生的错误率要低47%，速度却快了31%。

虽然在罗瑟博士的研究之前，游戏已经在培训中被成功地应用了数十年，但新的社交和移动技术已经被运用到了提供早期的培训中，并让其变得比以前更轻松、更有趣和更友好。结合《壮志凌云》测试获得的结果，以及上述万豪酒店与达美乐比萨的案例，我们可以看到，这些新游戏正在取得惊人的进展。那些运用游戏化的企业相信，通过游戏的虚拟体验，对当前以及未来的员工进行筛选和培训，能够为企业带来现实中的成功。游戏真的可以预测成功，这种想法是非常新颖和令人兴奋的。

像医院这样的地方同样需要游戏化来帮助驱动成功。虽然医院是我们整个医疗体系中密不可分的重要组成部分，但实际上它们大多是在赔本经营。这当中的亏损主要是来自急诊室。在那里，被治疗的病人不管有没有医疗保险，都没有全额偿还费用。随着医疗改革在美国及其他地方的广泛推广，医院的效率问题也变得至关重要。

为了使医院的管理更加高效，通用电气在2010年公布了一款名为《病人也疯狂》（*Patient Shuffle*）的游戏。一直以来，通用电气是医疗技术与流程方面的领跑者，而这款游戏的诞生也证明了这家公司的先进理念。这款游戏的理念是建立在一个简单的假设之上：包括护士和医生在内的医护人员，并没有发自内心地从效率的角度来理解运作急诊室和接待处理病患所带来的挑战。

就像在现实中工作一样，在游戏里，人们必须考虑在 24 小时不间断的超负荷工作当中，如何合理地响应病人的紧急情况。《病人也疯狂》再现了病人从入院到离开的整个过程，让医护人员体验了服务病人的复杂性。它同样借鉴了热门游戏《美女餐厅》的核心机制，基本模拟了急诊室的工作。据统计，美国人花在候诊上的平均时长为 4 小时，《病人也疯狂》的目标很明确，就是要缩短这个等待时间。

玩这个游戏，不仅使医护人员学习了解自己所负责的环节（如分诊、化验、临床诊治以及其他工作），同时让他们以医院负责人的视角来审视全局，这有助于他们深刻理解每天打交道的同事们的工作。游戏的核心机制就是要求玩家在病人就诊的全过程中，逐一提供正确的医护服务。随着游戏的进行，玩家面对的情况越来越复杂，一开始只是安排一个病人去照射 X 光、让医生诊断或办理出院，但很快就会有大批病人涌入，积压在各个科室，排队做核磁共振，提出越来越多的检查要求。总之，《病人也疯狂》就像一家真正的医院，但更好玩。

这款游戏同时还制作了 iPad 和 iPhone 版本，玩家可以在休息时或下班后玩。有些人可能会问："为什么这些专业人士会在闲暇之余玩这样一款游戏呢？"其实，他们所玩的游戏是对其真实工作与生活的一种映射。正如年轻的母亲喜欢玩看护虚拟婴儿的游戏，而美国海军陆战队员的挚爱正是《现代战争使命召唤》（*Call of Duty Modern Warfare*）这类游戏。可能是出于对职业的热爱，也可能是人们花时间所追求的一种安逸，无论其背后的原因是什么，人们玩游戏追求的是乐趣。这些潮流告诉我们，即便是下班后，这些与职业和工作相关的游戏也正在持续地受到越来越多人的欢迎。

令人高兴的是，这为员工培训创造了一个独特的机会。传统的培训是独立于工作之外的孤立部分，而游戏化揭开了一种全新的模式：把训练当成持续的娱乐。不管是医生玩的医疗游戏，律师热衷的律政游戏，还是吸引厨师的烹饪游戏，都具有简单易懂、有吸引力、移动化的特点，而且对玩多长时间没有限制。企业和各种组织如果能够充分顺应这种潮流，当员工投入训练的时间相当于或超过实际工作的时间，就能看到互动参与和工作成果的显著提升。

暗影幽灵崛起的培训游戏

丹佛大学商学院 2010 年的一项研究表明，公司在其员工培训体系中利用视频游戏不仅能够令员工更有积极性，从长期来看还能显著提升员工的留存水平。通过对 6 476 名受训人员进行的 65 项研究，研究人员发现，与没有使用视频游戏的人群相比，在培训中玩视频游戏的员工的事实性知识高出 11%，技能型知识则要高出 14%。另外，这部分员工的留存率要高出 9%。

研究还显示，不同的游戏所产生的效果也是不同的。换句话说，不是所有的游戏都适合做培训工具。由于视频游戏要求用户的积极参与，因此整体来说，它要比其他方案更高效、效果更好。

2007 年，太阳微系统公司（Sun Microsystems）为新员工推出了两个行为训练工具，分别被称为《暗影幽灵的崛起》（*Rise of the Shadow*

Specters）和《暗影幽灵的曙光》（*Dawn of the shadow Specters*）。这家高科技企业把游戏环境设置在一个被称为"索拉利斯"的宇宙当中，"索拉利斯"被分为五个世界，分别对应公司内部的五个业务部门。通过公司的核心价值观来驱动游戏，玩家必须利用各种产品或企业哲学从"暗影"手中保护各个世界。

太阳微系统的目标是想通过这个游戏来解决三大企业发展阻碍：

1. 公司的大部分员工主要通过远程的方式工作，这令许多人产生了疏离感。
2. 公司需要一种吸引人的方式来培训员工，同时能够更好地阐释品牌。
3. 太阳微系统公司一直被某种形象问题所困扰。员工的平均年龄达到45岁，这在高科技行业中已经属于老龄化，因此，公司非常希望能够吸引年轻人的加入。

这个冒险游戏提供了一系列令人兴奋的挑战，比如躲避邪恶的进攻者，打开上锁的门，找到对团队至关重要的失落物品等。在面临每一种情况时，征服挑战的办法就是公司的使命、价值观或愿景之中的某个基本理念。尽管对于一些具体问题，答案是相当显而易见的，但游戏依然极具吸引力，人们愿意花上一个小时或更多时间在游戏中探索、研究。

尽管花哨的标题和描述看似山寨版好莱坞电影，但《暗影幽灵的崛起》和《暗影幽灵的曙光》实现了一个重要且宝贵的最终结果：两个游戏都分别达成了上述三个目标。玩家对公司产生了极大的默契。根据公开的后续评估，员工吸收了与品牌相关的"大量高级别信息"。几乎所有的玩家都认为自己有信心与别人谈论公司的品牌和文化，并认为自己能够传达公司的成就。但最重要的是，关于这些游戏的议论被广为传播，吸引了大量潜在的应聘者，使太阳微系统公司受到了追捧。

> **游戏化阅读**
>
> 你可以登陆http：//gamrev.com通过下载"游戏化革命"APP应用玩《暗影幽灵的崛起》的游戏。

四扇门学习法——在游戏中选择

利用游戏化来帮助员工培训也是风头正劲的最新趋势，借此能够使工作场合变得更快乐、更具吸引力。通过吸引员工参与互动，让他们更好地了解公司的品牌和产品，更善于理解和传达品牌的目标，并且能够在公司内外都成为品牌的代表。

然而，如果游戏的设计与学习内容缺乏精妙的联系，单纯盲目地加入游戏，这样的培训体验带来的只会是一无所获。另外，要请正确的人来传授学习内容，才能产生最好的学习效果。自称为"疯狂科学家"的苏瓦赛兰·提亚格拉简（Sivasailam Thiagarajan）博士创立的提亚基集团（Thiagi Group），与一些大型组织如AT&T和雪佛龙公司合作，致力于帮助人们有效和愉快地改善他们的工作表现，并开发出了被其称为"四扇门学习法"（Four—Door）的模型，用来构建数字化学习体验。无论是有意还是无意的，该模型已经被广泛运用在各种成功的游戏化培训当中。并且,在本章所描述的许多应用程序中也可以看到对这种方法的应用。

当用户需要一种新的学习体验时,这个模型提供了以下四种环境。

图书馆

在这里,用户可以找到所有可以用来掌握培训的信息,包括数据、视频、文件以及任何其他预先收集的资料。用户可以仔细阅读,并按照自己的节奏来学习。

游乐场

在这里,会有快节奏的游戏,帮助用户巩固学习。一般提供三个级别的难度,用户可以根据自己的需要经常、反复地玩,以加深对知识的理解。

咖啡厅

在这里,培训体验变得社交化,用户可以就具体的问题和同事及专家们讨论各自的答案。这里也包括了类似维基百科和博客的社交化学习功能。

评估刑讯室

这里实际上就是测试部分,包括解决现实世界中与工作有关的一系列问题,以测试用户对知识的掌握和理解。

当涉及教育体验时,"四扇门学习法"为用户提供了非常宝贵的东西——选择。当人们有机会按自己的步调和风格进行学习时,会让他们产生一种力量感,从而带来更高的效率。人们可以花更多的时间研究那些困扰着他们的问题,或快或慢,全由自己决定。更重要的是,人们觉得这是一种有意思的方法。所有的这些,把原本可能被敷衍了事的培训变成了自己的主动选择——这是一种更好的学习方式。

将学习过程游戏化

　　一位在文理学院主修古典文学的毕业生，现在要从事制药企业的销售代表的工作。比起抗高血压药物代文（Diovan）和阿沃纳斯（Avonex），她更熟悉狄俄尼索斯和埃阿斯。然后从现在开始，她必须能够区分一长串复杂的处方药的名称以及它们各自的有效成分。

　　培训员工，有时候跟招聘他们一样困难。组织员工观看冗长的幻灯片介绍，或枯燥乏味的行业视频，充其量只是粗浅地介绍了公司和产品。坏处在于，这些培训方式会让新员工感到不自在。但是，与回家复习培训笔记相比，这位主修古典文学的年轻人需要知道的是，当她已经对所销售的产品了然于胸，在工作中取得出色成绩时，她能够得到什么。

　　正因为这样，日本制药企业第一制药株式会社在2007年制作了一款"生物杀戮游戏"。当时，公司正准备改良一种胆固醇药物，将其用作治疗II型糖尿病的药物进行销售，对于相对年轻的销售团队，他们需要掌握大量高新科技知识。此时，销售团队拿到的不是装有满满阅读资料的文件夹，而是一款游戏。每当他们在游戏中操控机器人干掉了一堆讨厌的生物，就会看到与该药物有关的一个知识点。他们可以通过交换这些知识点，获得更好的武器装备，完成游戏中的任务。

　　在高科技企业中，由于产品和方法的不断变化，每个项目都需要采取不同的培训方法，因此也就产生了新的需求。精通社交和移动媒体的员工遥遥领先地走在前沿，在开始新工作之前已经与产品、品牌和市场调研进行了接触，并使用了先进的方法。随着各个行业的业务变得更具不确定性和复杂性，一个与时俱进的培训体系是能够让员工从入职的第一天起就保持持续参与、熟知业务的最佳方法。

据"品牌游戏"（BrandGames）的后续调查，第一制药株式会社反映，他们的员工发现这款游戏是一个十分有用的培训工具，大家都认为这是一种有趣的学习方式。玩过游戏之后，销售代表们能够自如地阐述高新技术和临床医学等晦涩艰深的概念。游戏并不提供奖品，但随着培训效果的稳步提升，公司管理层开始为获得高分者提供奖品，这迅速激发了更多人对这个游戏产生兴趣，并最终培养了更好的训练有素的销售团队。事实上，当公司随后销售急性冠脉综合征药物普拉格雷时，也采用了相同的培训方式。

> **培训外围知识**
>
> 我从研究生院毕业后得到的第一份工作是为思科公司服务。路由器和交换机奠定了思科公司的成功，同时也是互联网得以发展的动力，但我的工作却与此无关。在和很多管理人员谈到底层技术时，我经常被搪塞，他们告诉我了解这些知识"是没有必要的"，或者说，"普通人是难以理解的。"
>
> 虽然思科公司的成功历史是毋庸置疑的，但我多次遇到的专业隔阂凸显了公司的过分专业化。事实上，如果所有员工都能具备某种程度的技术素养，对思科公司而言应该是大有益处的。现在，新的游戏化方法使科技知识的传播范围进一步扩大，非专业人员也可

> 以有能力掌握公司任何关键业务的核心信息，建立起强大的品牌默契，无论在哪里都会是企业的拥护者和坚强后盾。如果有这样一个团队，就有无限的可能性。

运用游戏化模拟来培训

说起校园生活，大多数人都有从枯燥的学习中偷闲去打一场彩弹射击，或参加其他户外活动的记忆。另一些人可能会记得，在一个慵懒的下午，大家在英语课后玩猜单词游戏，或者是分组比赛解决数学难道。我们曾希望每天都能有这样的休闲时光，而且不会受到批评。

毫无疑问，大多数人更愿意以一种娱乐的方式来学习，而不愿接受任何强迫灌输。美国国防军需大学（The Defense Acquisition University，DAU）对国防部的军事人员和文职人员进行采购、技术及物流等方面的培训，为了教授员工识别骗术，该校推出了《采购骗术指南》（*Procurement Fraud Indicators*），如图6—2所示，该游戏让玩家通过在广泛的欺诈调查中形成有关欺诈犯罪的推论。虽然游戏是虚拟的，但与简单地将欺诈行为的征兆列出来，并要求学员记忆的方式不同，它对实践是有帮助和促进作用的。在游戏中，玩家扮演欺诈调查员，通过点选的方式操作。玩家可以在七个不同的欺诈故事中进行选择，并逐一调查。每个故事都会带领玩家体验不同的情景，他们可以调查欺诈行为，搜集证据，与嫌犯交谈，并最终对欺诈行为作出判断。要在游戏中获胜，就必须搜集正确的线索，对每个嫌犯进行正确推理。

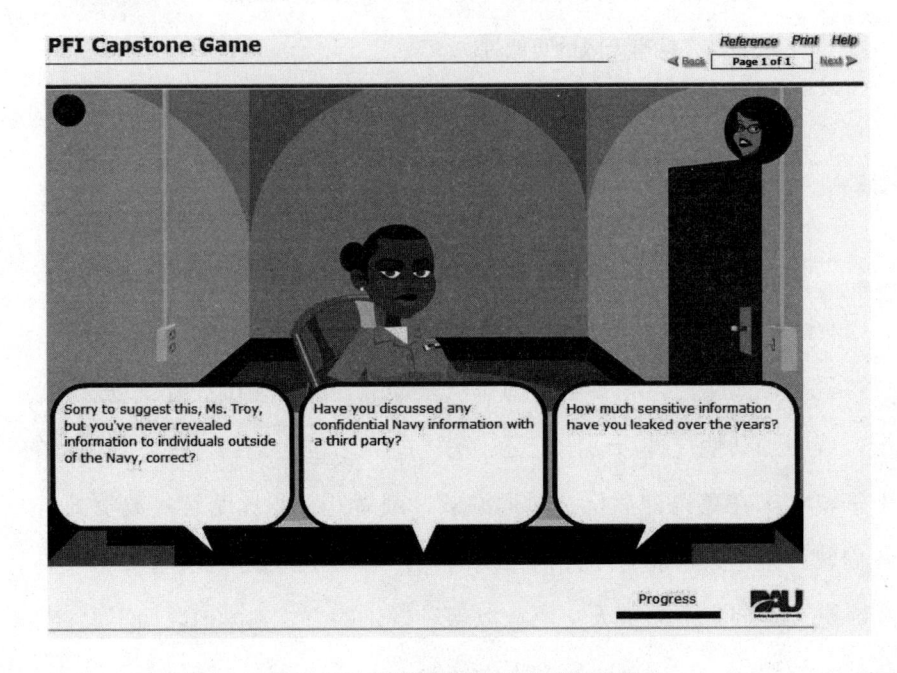

图6—2 《采购骗术指南》游戏页面

所有的主观技能都一样，经验与知识是密切相关的。说到培训中的实践，你可能会觉得它和现实世界的体验是不能相提并论的。试想一下，如果发生火灾，赶来的消防队员在此之前从未处理过火情，那就只能看着房子付之一炬。这就是为什么消防员必须先接受处置"真实"火情的训练，哪怕是通过事先安排好的情景。想象一下这种场景：讲师照本宣科地给一屋子消防学员讲述救火的方法，或者教授国防部的学员怎样识别欺诈行为。在传达有用的信息方面，这种方式的效果远低于实践的效果，或许可能跟观看电视剧集《火线救援》(Rescue Me)或者《犯罪现场调查》（*CSI*）的意义差不多。在培养技能方面，实践永远比埋头苦读更有用，游戏化以灵活多变的方式为促进实践提供了最佳方案。

　　虽然游戏化经历了漫长的发展历史，但如今在招聘、培训、人才发展等人力资源管理工作中对它的运用正在迅速增加，其效果轻而易举地超越了传统手段。来自医药、食品和技术等不同领域的数以百计的初创企业，正在通过游戏招到优秀人才，并推动其产生更好的绩效表现。但是，人的工作效率不只是单纯对智力的追求，正如我们将在下一章看到的，企业人力资本战略中还包括员工的健康。游戏化在减少员工缺勤率和医疗费用、提高满意度，并最终推动绩效提升方面也能产生巨大的影响。

THE GAMIFICATION REVOLUTION

第 7 章
促进员工身心健康的游戏化策略

在现实世界中，出人头地是很难的一件事，但在游戏的世界里却要容易得多，几乎每个人都可以做到。不断涌现的证据指出，当人们在游戏中得到等级和地位的提升时，会体会到愉悦感，他们的压力水平也随之下降。在感受到更快乐的同时，他们生活中的其他方面也得到了相应的调整和改善，其中也包括他们的工作。

游戏化阅读

升级游戏

在阅读本章时，你会一直提升等级，每个级别都会要求你必须做一个相关的动作，直到达成最高级。

等级 1：蓝色挑战

你必须站着阅读。如果你此刻在飞机上或许有点尴尬，但这么做对你会有好处。那么，还是请站起来吧！

这里有一个有违常理的概念：身处的地位越高，实际上会使人越健康。虽然大多数人在逻辑上会相信，当人处于较高的地位时，可能会因为担负太多人的依赖和期望而产生压力，并被这种巨大的压力压垮。但是研究证明，较高地位所带来的利大于弊——从统计学上讲，能够增加寿命。

关于上述结论最令人信服的证据始见于 1985 年，当时有一群英国

第 7 章
促进员工身心健康的游戏化策略

科学家对英国政府下属行政机构的员工开始进行一项长期研究。这个被称为"白厅研究"的项目，深入研究了超过 10 000 名 35~55 岁的男性和女性公务员的健康状况。研究人员希望借此了解由相似社会经济地位、种族与教育背景的人所组成的团队的整体健康情况。大多数被研究对象都曾经是律师，或拥有法律背景，而这项研究的实验对照方法的独特之处在于，被研究对象在同一个物理环境中工作，在贯穿于整个组织的统一的地位体系当中，享受完全相同的医疗保健服务。英国行政机构也有类似军队的层级之分，有明确的职位等级。

考虑到这种特殊的一致性，加上对每个员工长期的职位与健康记录的掌握，研究者们提出了一个简单的问题：地位高低对人的健康和死亡率产生了怎样的影响？在白厅研究的最初阶段就显示出，与底层员工相比，身居高位的人员寿命更长。随着研究的深入，发现底层员工死亡的主要原因是诸如因肥胖、吸烟、高血压、长时间工作等健康危险因素不断增加而导致的心血管疾病。鉴于研究已经对被研究对象的背景做了标准化的划分，所以结果非常明确，那就是职场的低阶职位实际上就是在杀害员工。

二十年后，在后续研究"白厅 II"当中，研究人员召集了曾参与第一次研究的受试者们，在前次研究结果的基础上进行更深入的挖掘。结果，他们的发现令人震惊。通过对更多可利用的数据进行统计，研究人员发现，与体重、吸烟和饮食习惯相比，职场因素——包括职位与地位，对员工的健康状况所产生的影响更巨大。换句话说，即便他们在生活方式的其他方面都很健康，但底层员工仍表现出患上应激症状的风险——这导致了他们身体的衰老。

斯坦福大学教授罗伯特·萨波尔斯基（Robert Sapolsky）在肯尼

亚对野生狒狒进行了长期研究，发现在狒狒文化中也有相似的情况。他的这项令世人瞩目的发现揭示了：地位较高的灵长类动物具有较低的整体压力。普林斯顿大学研究员劳伦斯·R·盖斯奇埃尔（Laurence R. Gesquiere）的研究也印证了萨波尔斯基教授的发现。她总体上证明了：在面临危险时，与其他地位较低的同类相比，地位较高的狒狒释放出的荷尔蒙更少，这意味着他们所承受的压力较小。

我们不是狒狒。但是，我们在公司里的职位，更明确地讲，就是同事之间的社会地位的确会影响到我们寿命的长短。从事单调重复的日常工作的底层岗位承受着更高的压力水平，会导致其免疫系统的低效运作，无疑会对我们的健康产生影响。在长时期内，这会严重影响一个工作团队的文化、生产力及可靠性，乃至影响到整个社会。

为什么更高的地位所承受的压力会更低呢？关于这个问题的答案还只是推测。也许是因为更高级别的岗位不用每天处理那些纷繁琐碎的杂事。又或者，对于底层职位的人来说，对高级职位的追求驱使他们必须不断承受各种积极和消极的压力——对事业的成败有直接影响的。

游戏化阅读

等级 2：橙色挑战

你可以将身体靠着什么东西阅读本书，但仍然要站着。

在现实世界中，出人头地是很难的一件事，但在游戏的世界里却要容易得多，几乎每个人都可以做到。不断涌现的证据指出，当人们在游戏中得到等级和地位的提升时，会体会到愉悦感，他们的压力水平也随

第 7 章
促进员工身心健康的游戏化策略

之下降。在感受到更快乐的同时，他们生活中的其他方面也得到了相应的调整和改善，其中也包括他们的工作。正所谓一损俱损，一荣俱荣！

这里有一些相当黯淡的数据：据盖洛普估算，美国仅在 2011 年就由于疾病预防和心理问题造成了超过 1 530 亿美元的生产力损失，工作压力则是免疫系统降低的主要原因。几乎在同一时期，员工的超时工作或带病工作，反而让老板们付出了 1 800 亿美元的损失。而这些令人咋舌的数据当中，还没有包括好的一面：健康称职的员工所带来的出色工作最终直接体现在为公司增加了效益上。

同时从生理与心理两方面疏解压力，追求健康生活，是符合我们每个人的最佳利益的。事实上，我们认为，最大的公共卫生干预措施应该是降低现代生活的压力水平。如果我们这样做，人们的饮食和睡眠会变得更好，减少患有生育及消化系统疾病的可能，整体上可以更健康。

大部分有关医疗改革的讨论，都围绕着企业为员工提供保险相关产品所要增加的成本，但实际上，员工不良的健康状况已经使企业承受了巨大负担。我们不能把医疗成本的快速增长归咎于员工地位的差异，但也不能忽视这个问题。然而，为每个人都创造获取更高社会地位的机会，也不是解决健康危机的可行方案。因此，聪明的企业已经开始运用游戏化的力量，打造更健康的员工团队。

无论他们是针对于减少压力，还是积极的行为改变，本章的案例将有助于企业理解并从中受到启发，以不同的方式来思考和影响对于员工身心健康状况的改变。

人们追求着地位身份，并围着它团团转。白厅研究说明了地位高低对人所承受的压力大小有直接的影响。专家认为，前往医院就诊的人群中，由于压力导致的病例高达80%。因为从生物学上来看，我们对地位的追求和我们的健康之间息息相关，地位让我们更健康，研究已经表明，地位高度影响了人的健康状态。而与此同时，游戏是让人产生更强烈的成就感和明显提高地位的最佳方法之一。所以，接下来我们就要讲到，所有企业都可以善加利用地位对健康的影响，改善员工的健康状况，提升他们的生活质量。我们可以通过两种基本的方法达成这一结果：用"好压力"来平衡"坏压力"；为员工创造"升级"的新途径。

> **游戏化阅读**
>
> **等级3：红色挑战**
> 现在你可以坐下了，但要坐直，把书举到你眼睛的正前方。

良性压力和多巴胺

良性压力，通常被说成是"好压力"，是沮丧、苦恼和忧虑的反义词。试想一下你乘坐过山车在空中上下翻滚的感觉，或与心仪的爱人热吻时扑腾的心跳，这些都是良性压力带来的感觉。

这种正面积极的压力，在玩游戏的过程中是很常见的。从理论上讲，当人们在游戏里发现了与完成任务或取得胜利有关的潜在好处时，就会产生良性压力。与负性压力不同的是，良性压力其实是对身体有益的。

第 7 章
促进员工身心健康的游戏化策略

当良性压力被释放之后，身体会迅速平静和冷静下来，这与野生动物界的"战斗或逃跑反应"（fight—or—flight response）①很像，是一种健康的反射现象。良性压力似乎也确实能够激励学习和成长，激发兴奋和成就感。而它邪恶的双生兄弟——负性压力则带来完全相反的结果：崩溃，麻木，甚至加重焦虑和恐惧等不适的感觉。

一些研究已开始显示出，当人们得知自己处在一个有可能获得成就（或类似的奖励系统）——比如游戏，良性压力就会随时出现。如果人们凭借自身能力的努力获得了正面强化：成功、持续的成功，或最终取得胜利，他们就会体验到良性压力。

因为在许多优秀的游戏化设计中自然形成了良性压力，所以如果在企业内部实现了一个基于游戏的方式，就能够为员工带来良性压力的健康红利。需要注意的是，要为这种体验设计健康的曲线，就是说，要明确地让用户承受压力，但在达成某个目标后，这种压力又能得到立即的释放，让人倍感轻松。当与能够提供更高地位的体系相结合，在争取员工健康时，良性压力会是一个强大的盟友。

在经典的游戏设计中，伴随着良性压力行为循环，玩家努力完成各种挑战并最后获胜时，就会释放多巴胺；反过来，这种快乐的感觉又令玩家重新投入到不断的挑战当中。这种情况会发生在各种各样的游戏当中，比如《暗黑破坏神 3》（*Diablo III*）这样高难度的游戏，一个失误就会给玩家造成巨大的损失；或是难度更低一些的游戏，如《神殿逃亡》

---

① 战斗或逃跑反应（fight-or-flight response）是心理学及生理学名词。1929 年由美国生理学家沃尔特·坎农（Walter Cannon）所创建，他发现机体经过一系列神经和腺体反应会引发应激，使躯体做好防御、挣扎或者逃跑的准备。——译者注

（*Temple Run*）；或很轻松的类似《俄罗斯方块》或《开心农场》这样的相当休闲的游戏。

当我们的大脑意识到有些目标被达成，便会发生多巴胺释放循环。众所周知，多巴胺是能够激发包括放松在内的大量积极行为的神经递质。此外，这也促使我们通过激活五种已知的多巴胺受体来获取更多的多巴胺。虽然这是否作用于所有神经递质尚有争议，但对刺激多巴胺释放的确有效，如图7—1所示，在多巴胺作用循环中，当人们完成自我挑战的目标时，多巴胺就会被释放。这会导致产生快感，并激起对再次体验多巴胺释放循环的渴望。

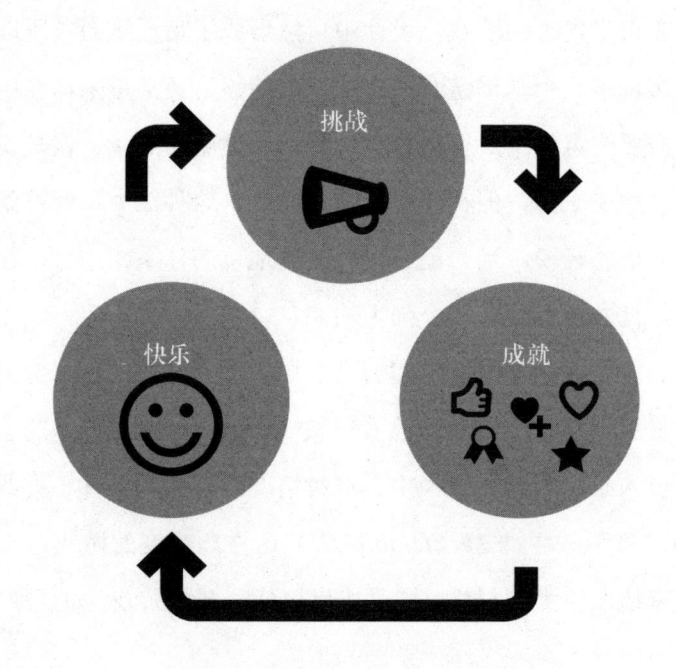

图7—1　多巴胺作用循环图

多巴胺的这一特性很大程度上能够让人们寻求和克服挑战，持续进化。游戏和积极的良性压力循环一同带来的独特吸引力,是用一个所有人都可以战胜的有趣挑战,以触发多巴胺,进而激发出我们对再次体验那种快感的渴望。

虽然从逻辑上讲,减少挑战就能减轻员工的压力。但似乎反过来也是可以成立的,增加能够提升良性压力的挑战,可以改善员工的身心健康,从而提高工作满意度和绩效。事实证明,有些公司已经运用这种方式很长时间了。公司垒球竞标赛就是一个通过提升良性压力的活动来帮助团队建设、增进友情、减轻压力和释放情绪的极佳例子。但是,如果不是以每月一次的辅助活动的形式出现,而是成为整个公司的一部分——与每个层级和每个活动都有关,那会怎样呢?

游戏化阅读

等级 4:黄色挑战

坐直了,向一位朋友大声朗读。如果你在飞机上,请跳过。

需要减轻压力的职场世界

全世界每天都会有 1 100 万人进入到大型多人在线角色扮演游戏《魔兽世界》展开他们的冒险之旅。在日常生活中,他们可能是快递员、学生、医生,或是图书管理员,但闲暇之余,他们在游戏中各司其职,有的负责治疗,有的负责诱敌,并为了共同的目标而战。

如果问这些玩家中的任何一位:"上班和玩游戏之间,你们最愿意做的是什么？"完全可以想象，很少有人会选择上班。当然，我们不会提议你用一个满是怪物和中世纪王子的幻想世界来重建你的企业战略，但我们确实会建议你考虑运用游戏的一些最基本的工具。毕竟，《魔兽世界》拥有大量狂热拥趸，是史上最受欢迎的游戏之一。甚至连"魔兽寡妇"[①]们都有不计其数专为她们而建的网站和支持社群，《魔兽世界》的火爆程度可见一斑。

本章主要论及员工的基本健康，而《魔兽世界》特殊的重要意义在于，它的玩家们通过刷装备、加经验以及与朋友和同事互动，实现了一定的自我满足和自我价值。当他们的满意程度得到明显提升时，他们的压力水平也会明显降低。

昆士兰科技大学在2009年就进行了一项研究，调查了200名魔兽玩家，这些人被认为在虚拟世界和现实生活之间保持了健康的平衡。研究得出结论：在《魔兽世界》的"工会"或同一组队伍当中共同游戏所产生的社交价值，实际上为人们提供了一种归属感，而人们的焦虑、抑郁和压力也会随之减少。

游戏化阅读

等级 5：白色挑战

轻松愉快地自由阅读。

正如我们之前提到的，在大多数工作场所都有某种固定的管理层级体

[①] 由于《魔兽世界》的火爆，无数玩家为之沉迷，其中主要是男性，而他们的女友和妻子则被冷落在一边，组成了一个庞大的群体，被称为"魔兽寡妇"，成为一个有趣的现象。——译者注

系。在这个体系中，有经理、员工和新人，还有与层级相对应的薪酬。白厅研究和狒狒研究似乎意味着一种可能性：如果企业直接把每位员工都提升为经理，我们的问题或许就像变魔术似的瞬间得到解决——更小的压力，更健康的团队！然而，这是不可行的，并非执行上的问题，而是技术上难以做到。

通过在游戏化的体验中为员工提供升级的机会，可以为他们带来和网络游戏一样的自我满足与实现自我价值的感受。例如，可以同意员工在工作时间玩游戏，以此作为对其出色工作的奖赏；让员工与其他同事组队，记录和展示他们的团队在游戏中的成绩，让办公室里的所有人都能看到；或者，把一些诸如倒垃圾或电话值班的日常工作游戏化，让员工组成"工会"，与这些"工作问题"作战，但要确保他们能为此获得肯定。

像头衔和职级这样的机制很难给所有员工都带来地位的提升，但是通过游戏化的方式，就为提高动力、减轻压力及从总体上增进健康提供了几乎无限的可能性。Nextjump 的项目正是运用这种理念的优秀案例。Nextjump 是一家欣欣向荣的电商企业，专注于为员工和顾客构建忠诚度和激励方案。他们拥有的用户有 1 亿之多，财富 100 强企业当中有 84% 是 Nextjump 的战略合作伙伴。现在，Nextjump 正在通过他们的方案证明游戏化可以从里到外地改变员工和公司的表现。

查理·金姆和 Nextjump 的员工健身游戏

对于 Nextjump 的首席执行官及创始人查理·金姆来说，让他的员工们锻炼身体，这既是他个人的热情，也是一笔好生意。如果医疗保健成本开始失控,那说明在公司内添置的昂贵健身房是毫无价值的。该公司员工团队主要由工程师、软件开发人员和网页设计人员组成,这是一群长期久坐的人。于是 Nextjump 做了件革命性的创举——把健身变成游戏。如图 7—2 所示,Nextjump 通过其健身网站 Fitness Portal 鼓励员工锻炼身体,以获得不同的游戏化好处。

图 7—2　Nextjump 公司健身网站页面

游戏化阅读

等级 6:绿色挑战

在阅读本书每一段落之间站起和坐下,就当是锻炼身体。

该公司早已有了一个提供持续奖励、徽章和奖品的系统,用来嘉奖员工大量与工作相关的行为。当某个团队通过激励全体成员连续锻炼一周而完成了不可能完成的任务时，不但会得到查理·金姆对团队领导的公开奖励，获得大笔奖金，还能够得到大家对这个成就的肯定和赞赏。

这位团队领导会自发地用他的奖金给团队成员购买 T 恤衫，进一步传播成就感。很快，80% 的 Nextjump 员工都开始定期进行锻炼了。与之形成鲜明对比，据《俱乐部行业》杂志（*Club Industry*）统计显示，在健身房和俱乐部成为付费会员的人，只有 33% 的人每年只去那里光顾一次。实际上，Nextjump 所产生的效果比一家会员制的健身俱乐部要强上三倍，而且，如果消费者不去锻炼的话，其实他们所花的会员费是打了水漂的。

游戏化手段大大改善了员工健康状况

借助游戏化手段推动员工锻炼，使 Nextjump 在员工医疗保健方面减少了费用支出，但这还不是该公司所得到的唯一好处。

查理·金姆很早就意识到要鼓励员工们变得更健康很重要，他不断鼓励大家要追求更好的生活。他解释说，他把健康理解为金字塔的两端。金字塔的底部象征着躯体的健康，他相信通过锻炼能够得到健康的基础，进而促进健康的饮食习惯和更好的睡眠习惯。金姆认为，金字塔的上半部分就代表一个人的心理健康。Nextjump 制定了被称为"Nextjump 大学"的计划，为员工提供丰富的心理健康辅导课程。金姆始终认为，提升心理健康的核心还是在于锻炼。

为了保持良好的势头，Nextjump 的健身活动不断改进，并寻求新的方法来动员那些还没有开始玩这个健身游戏的员工。但与此同时，Nextjump

已经看到了此举对团队日常工作表现的改善，还有工作速度的提升。

Nextjump每年都会让公司的工程师团队代表公司去为以慈善为目的的项目编写代码，三个人一组，为期两周时间。外界反映，Nextjump员工的速度和表现，每次都远超与他们一起合作的人。

"我看到，在员工的健康状况和短时间内完成任务的能力之间，有着很紧密的联系，"金姆说，"我们所做的那些激励员工锻炼身体的重要工作，使他们能够以更快的速度完成工作。"

同样的，在科技行业里，企业对技术熟练的人员有非常大的需求，但Nextjump员工对公司却非常忠诚，而且员工的满意度也很高，因而其人员流动率远低于行业平均水平。Nextjump深信，如果你有能力吸引和推动员工去改善他们的健康，那你就能建立一个健康强壮的企业。

可以肯定的是，Nextjump的成功部分是源自于金的个人魅力和公司全体员工的"必胜"态度，但一直以来都很难说清哪一点是决定性的因素。关键是，查理·金姆实行的是选择性加入的方式。有些公司试图通过罚款或严格的招聘规则迫使员工服从，而Nextjump则是构建了员工愿意参与的体验。

Nextjump的案例指出了一个长期的、非常成功的员工健康游戏所带来的好处。如果你能做到的话，鼓励员工长期锻炼以强健体魄是一个明智的选择。然而，并不是所有公司都打算在内部设置健身房，或通过建立复杂的游戏化策略来促进员工锻炼，而是在考虑更小规模的选择。例如，让员工每天收到一封邮件，让他们停下手上的工作出去散步十分钟；第二天的邮件或许会建议他们去喝一大杯水，或者打个电话问候配偶、父母或子女。之后，按照每日邮件的建议采取行动的人们会被授予

第 7 章
促进员工身心健康的游戏化策略

小星星，并展示在每日成就排行榜上。这些星星可以用来兑换一个"便装日"（Casual Friday）①，或是免费参加早间瑜伽班。

查理·金姆还提出一个或许很有意思的观点：建设积极健康的员工团队的作用，相当于是对消费者群体的开拓。"说到底，"他说，"连你自己都不吃的东西，就不要拿它来喂顾客了。"

> **游戏化阅读**
>
> **等级 7：紫色挑战**
>
> 阅读这一节，找到最近的紫色物体，走过去，触碰一下，转身，走回来。

有时并不需要全新的游戏化体验

下面两种方案，哪种更为困难？让员工拥有良好的健康状况，增加他们的能量，并由此提升工作表现；或者，用威吓、降职和减薪来向员工施加压力，迫使他们更努力地工作。不幸的是，为了短期业绩，你很有可能会选择后者，不管它的长期影响会是多么的消极。

然而，亚当·博斯沃思（Adam Bosworth）对这种选择持反对意

---

① 便装日，过去从事正式职业的人士需要在工作日穿着职业服装，令人受到束缚，无法发挥创意，同时极大地阻碍了同事之间的交流，影响了合作。因此，为了更好地提高职场人士的能力和增进职场人际关系，许多公司开始组织起每周一天的便装日，最终形成大范围参与的职场活动。——译者注

② 谷歌健康发布于 2008 年，是一个健康信息管理平台，用户可将自己的处方、病史、病历及其他医疗信息上传至该平台并进行管理。2012 年 1 月 1 日 Google Health 被关闭，原因是该产品影响力不足、使用人数过少。——译者注

见。亚当是"谷歌健康"（Google Health）[②]的创始人，也是创业公司Keas公司的CEO。亚当的数据表明，公司越是积极地奖励员工开展强身健体的活动，就越容易使他们真正变得健康。他应该是对此有所体会的，因为其创办的Keas专业服务就是为大量一流企业提供基于游戏化原理的员工健康方案。

亚当·博斯沃思还强调了另外一个重要的概念——积分的力量。在一次揭秘讨论中，他表示，对最终用户来讲，Keas用来追踪员工行为的积分系统是最重要的东西："我从来没有想到，采用我们的员工激励方案的客户们谈论最多的——无论观点是正面的，还是负面的，——就是积分。"由此可见，Keas的成功证明了积分能够驱动健康的员工行为，除此以外，这个网站在设计中还运用了大量其他的游戏机制。

在Keas的设计当中，其基本的概念是让所有员工组队互相激励，实现健康目标。通过完成一系列任务——包括行动导向和动机导向，团队可以获得积分、虚拟的和真实的奖励以及肯定。据该公司称，有超过70%的人积极地参与其中，超过90%的玩家表示他们会将此服务推荐给朋友。

正如Keas系统所展现的，有许多简单的日常方法可以用来促进减轻员工的压力，培养健身习惯，改善他们的饮食。你可以推荐员工使用一些已有的应用程序，而并不需要设计一个全新的游戏化体验。

在这个数十亿人都在使用社交网络的世界中，让用户加入到一个积极的反馈循环当中要比以往简单得多。对你的员工来说，可能对许多健康游戏、应用程序和运用游戏化方案的系统已经很熟悉了。如果你不打算自己做一个，那你可以在你的游戏化方案中加入一些手段，用来提醒员工做一分钟的伸展动作,或动员他们绕着公司大楼作十分钟的快走运动。这些手段还可以指导人们正确地饮食,让人们享受变得越来越健康的过程。在医疗费用不断上涨、疾病肆虐、长时间工作的今天,所有这些手段的作用变得越来越重要。

超级减肥王

2004年10月,美国全国广播公司推出了一档全新的真人秀电视节目《超级减肥王》,主要内容就是一群肥胖选手互相比赛,看谁减去的体重最多,就能获得一笔现金大奖。其中一位名叫瑞恩·班森(Ryan Benson)的选手原本重达150多公斤,在华盛顿州士波坎市,没有哪个人的体重能超过他。然而,在《超级减肥王》比赛期间,班森在差不多三个月内(一个季度的长度)令人难以置信地减去了近60公斤体重,成为第一个获胜者。这个节目的第一季异常火爆,紧接着就播出了第二季,并延续数季至今。

在短短的四个月之内,班森通过一段时间极端的饮食控制和体育锻炼,成功地甩掉了超过三分之一的体重。班森是一个很普通的人,而且他自己也承认,在36年的成长岁月中有大部分时间在为减肥而努力——在他离开真人秀之后,体重也曾出现反弹。那么,是什么使他成功减肥的呢?

答案很简单,这就是游戏。但是,别搞错:这可不是一般的游戏。要让一条灰狗奔跑,在绳子上挂只玩具兔子放在它面前,这可能是最合适的"游戏机制",或者说这是能让灰狗以最快速度奔跑的动力。然而,对我们这些两条腿的人来说,有很多可以长时间坐着不动的娱乐选择,想让我们去跑步,就要给到一大堆好处,而不仅仅是挂只假兔子了。

《超级减肥王》是一个综合性的减肥游戏节目,为了激励节目的参与者在11至21周的时间里减去尽可能多的体重,节目组运用了奖品、排行榜、积分系统等的作用,或许最重要的,还有地位。节目组为冠军提供了一个六位数的现金大奖,但是最大的动力显然来自地位——受到全国观众的关注。虽然大多数企业无法承受提供六位数的奖金,但他们也可以为员工提供某种程度的地位使其感受到某种荣誉。

在各地的工作场合中,都在越来越普遍地运用《超级减肥王》中的挑战形式。他们是在一定时间内能够促进身心健康的好方法。需要谨记重要的一点,这些游戏的短期效果说明了,游戏机制的力量推动的不只是减肥,还有对生活方式的深刻改变。即使是在历来不关注减肥的欧洲,公司们也纷纷拿出举措,鼓励员工参与团队体育运动和小型健身活动,比如让员工计算并比较各自总体运动情况的计步竞赛。

游戏化阅读

访问 http://gamrev.com,下载并使用本书配套的"游戏化革命"应用程序,可以找到更多有助于员工健康的游戏化方案和信息,包括本章节提到的所有公司的推特账号及网站链接。

小心游戏化陷阱

不幸的是，像《超级减肥王》这样的游戏并没有持续创造生活方式的改变。此外，它们还往往与不健康的行为有关，包括脱水称重和其他饥饿训练。

查理·金姆也承认，在尝试找出推动员工锻炼的激励方法的过程中，Nextjump 曾经做过一些相当糟糕的选择。该公司一度试图强迫大家必须去健身房参加一定数量的健身课。Nextjump 也曾实行过一个现在看来是不够体贴的游戏（甚至有人将其比作"钓鲸鱼"），利用同事施压来推动员工健身的积极性，鼓励团队把拒绝去健身房的同事赶到健身房去，否则他们就会失去赢得每周大奖的资格。这种实际上就是恐吓的伎俩，后来被叫停了。要么继续挑战，要么放弃。Nextjump 没有放弃，而是开发了一个"健康排名"（FitRank）——一个衡量每个人健康情况的分数，然后利用这个分数来建立更均衡的团队，使体验更加公平合理。

通过关注这些游戏带来的影响，你可以管理员工们的回应方式。要有明确的目标，比如鼓励大家追赶具体的减肥和健身目标，而非不加限制、缺乏规则地胡乱锻炼，这有助于避免团队成员偏离轨道。比方说，与《超级减肥王》不同，不必要求员工在一定时间内尽可能多地减重，而是让他们每一个人都把自己所希望的减肥目标写出来，最终谁的成绩最接近自己设定的目标，那个人就获胜。这清楚地表明了运用游戏化技术促进员工身心健康的一个优点：它们可以是低技术含量的，成本低廉的，而且还可以是快速实现和进行维护的。所有你需要的东西，可能只是一个布告栏或一个共享的谷歌文档。

> **游戏化阅读**
>
> 等级 8：金姆色成就
>
> 给自己一杯饮料（建议来杯清爽的啤酒），再来一块花生夹心巧克力，你已经达到了最高级别，这些是你应得的！当你阅读这一节时，请尽情放松，沉浸在成就的喜欢当中吧！

让企业与员工皆大欢喜

有很多方法可以将游戏纳入到你的公司和业务中，用来促进员工的身心健康。你可以将可选择的、游戏化的锻炼作为企业文化的一部分，就像 Nextjump 所做的那样，甚至最终围绕它重新对组织进行设计。或者，你可以从外部激励，如同 Keas 所做的，从十几个可用的应用程序选择一个并使用它。又或者，你可以混合使用《超级减肥王》的挑战形式，让大家为具体的健康目标而努力。不管你怎么做，游戏化的健康策略会为你的组织凝聚力、员工满意度和绩效产出提供不可估量的好处。

但在员工体验方面，游戏化会在各个方面对它产生深远的影响。人力资源经理正在将游戏的优势整合到员工招聘、留存、培训和发展的各个方面，并且在这样做的同时，他们正在创造人们乐于上班的工作场所！虽然每家公司都有自己独特的资源、方法和文化，但普遍的基本原

第 7 章
促进员工身心健康的游戏化策略

则都是要通过利用反馈、好友和乐趣等游戏化的核心方式来推动员工的互动和参与。

　　毫无疑问，员工感到快乐时，必将使企业的客户受益。事实上，你的客户可能会思考的唯一问题是："为什么不呢？"坦率地说，为什么不呢？针对你的客户使用游戏化时，同样运用在员工身上奏效的"反馈，好友，乐趣"策略，可以带来相同程度的长期互动和满意度。尽管客户对于规则和现金姆奖励的反应可能与员工不同，但他们一直在所信任的品牌中寻找有意义的、持久的、充满活力的关系。在员工当中所得到的教训，同样也适用于客户——这些教训产生的示范作用能带来不少具有启发性的结果。让我们来关注游戏化革命的另一面——你的客户。在这里，我们可以发现把所有方式整合在一起的模式。

THE GAMIFICATION REVOLUTION

第三部分
用游戏化构建与用户的互动

THE GAMIFICATION REVOLUTION

第 8 章
用游戏化隔绝干扰消费者的噪音

游戏化是一个过程,而不是一个产品;并且,游戏化需要长期维护和培养。如果你的公司有一个优秀的游戏化体验,消费者喜欢并使用它,那就不要放弃它。精益进入!游戏化是能确保带来长期使用、收益和互动的最佳方式。

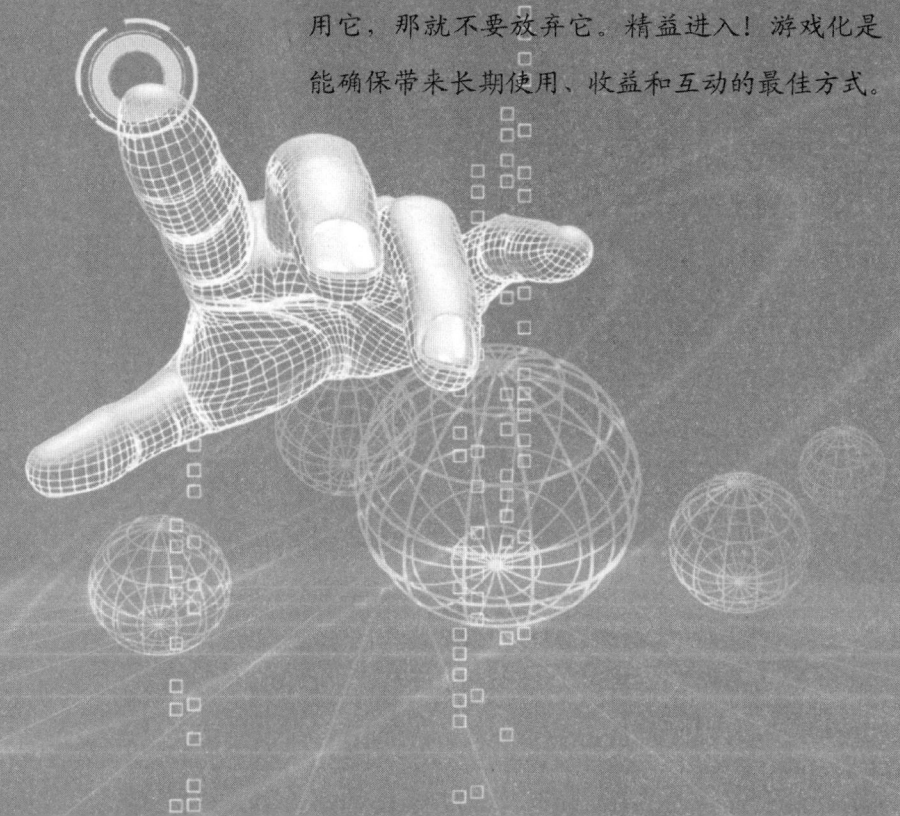

在千年之交，一个名为Dodgeball的社交网站被推出，其目的简单而富有诗意：当你和朋友们都在外面时，能够让你比以往更方便地与好友保持联系。当时，市场上大约有二十多个基于位置服务的产品（Location—based systems，LBSs），Dodgeball.com 便是其中之一，但它却迅速地成了最流行的产品，并在很短时间内赢得了"最时髦"应用的称号。用户在电脑和手机上，可以通过手机短信技术"签到"，表明他们当时所处的位置。通过这个功能，Dodgeball.com 将不同用户所处的位置展示在列表中，经由系统提醒，用户就会很容易地在某些地点碰到朋友或熟人。从本质上讲，Dodgeball.com 通过展示好友和联系人的实时位置，让用户知道自己与他们的距离远近，以确定是否可以来个偶遇。

第 8 章
用游戏化隔绝干扰消费者的噪音

> **游戏化阅读**
>
> **积分游戏:追逐你的梦想**
>
> 想象一下你理想中的顾客。你知道他们的名字吗?你清楚他们的年龄吗?来吧,具体描述一下他们的相关特点,直到在你心中形成清晰的形象。当你在阅读本章节时,请试着回答"游戏化阅读"中的问题。你每回答出一个问题就能得到 1 分,答不出得 0 分。如果在你读完本章的时候你得到了 5 分以上,那么你就已经为抓住这些梦寐以求的顾客做好了准备!

这个概念起初看起来很有创意。人们只需要去某个地点签到,然后等待朋友的出现。并且,这个概念在营销方面存在明显的可能性,因此谷歌在 2005 年收购了 Dogdgeball.com,传闻收购价格为 250 万美元。对于一个短期的学生项目来说,这已经是相当不错的成绩了。

不过,出乎创始人丹尼斯·克劳利(Dennis Crowley)和纳文·塞尔瓦杜莱(Naveen Selvadurai)预料的是,一旦新鲜感消失了,人们就慢慢地不再"签到"了。事实证明,与直接发送短信给好友告知他们自己所处的位置相比,Dodgeball.com 稍显麻烦,并且也并非那么好用。比如说,如果好友在她去另一地点的路上"签到",却没说她什么时候离开;又比如,你的前任跟别人外出约会,但不想让你知道。但是,跟这些相比,更重要的也是最简单的问题是:如果用户们不再"签到"了,怎么办?

渐渐地,这个曾经人气爆棚的网站光芒黯淡了下来,克劳利和塞尔瓦杜莱以及收购他们的谷歌公司的利益也随之缩水。创始人们在2007年离开了Dodgeball.com，谷歌于2009年关闭了此项服务。然而，通过Dodgeball.com，丹尼斯·克劳利等人看到了机会，当他们和谷歌之间的竞业禁止条款到期终止后，克劳利和塞尔瓦杜莱便开始推出了全新的地理位置服务产品。这个新产品与Dodgeball.com的概念极其相似，但是增加了一个关键的区别，而这个小小的改变彻底改变的，不仅是新生的位置服务产业，而且很快影响了所有的营销活动——他们加入了游戏化。

通过鼓励用户的"签到"行为，这个应用从灵光一现的意外收获，演变成创造一场持续的狂热。这个新的应用叫做Foursquare，也被人们视作第二代Dodgeball.com，于2009年高调发布。它是基于位置服务的游戏，可以让用户通过"签到"，解锁徽章，并一步步成为"市长"，如图8—1所示。新系统记录每一次"签到"，展示用户发现周围世界的进展。同时，提供了一种基于"签到"行为的徽章。在过去几年中，出现了这么几种滑稽的、有吸引力的、怪异的，以及限量版的徽章，包括：

- "花心"（The Player Please）徽章

用户在某处签到时，有三个以上异性用户也在该地点签到。

- "逃学之夜"（The School Night）徽章

在某一工作日的凌晨3点之后签到。

- "极点"（The Last Degree）徽章

奖励给使用Foursquare在北极点签到的人，15岁的帕克·里奥托（Parker Liautaud）和44岁戴维·纽曼（David Newman）于2012年4

第 8 章
用游戏化隔绝干扰消费者的噪音

月获得该徽章。

图 8—1 Foursquare 应用界面

用户在某些地方经常签到，就能够获得身份，好处也随之而来。人们用他们的移动设备收集足够多的"签到"，就可以得到"市长"头衔。逐渐地，这些地方开始自发地为获得此项徽章的用户提供奖励，比如免费饮品，或 VIP 服务。《纽约时报》2010 年有一篇名为《我选自己当市长》的文章提出：Foursquare 的市长头衔已经拥有了自己的生命力。从他们钟爱的咖啡店，到办公室，还有整个街区，用户们在每个地方玩闹着争夺"市长"头衔。

> 游戏化阅读
>
> **问题 1**
>
> 你的顾客最喜欢的三项技术是什么？如果你能够回答这个问题，给你自己加 1 分。如果不能，得 0 分。

这种前所未有的互动，很快使用户们开始创造"位置中的位置"，从而引发了善意的竞争，比方说成为同事私人办公室的"市长"。通过改变原来只关注纯粹的随机相遇的核心体验，Foursquare 设计者创建了包含挑战、奖品、身份奖励以及徽章收集的结构化的互动方案。Foursquare 至今依然是地理位置服务领域无可争议的"老大"。截至 2012 年春天，该公司已达成了超过 20 亿次"签到"，平均每天有 300 万次。今天，Foursquare 在十一个国家提供服务，并为企业伙伴提供大量的营销选择。

最终，Dodgeball.com 和 Foursquare 的设计师发现，虽然他们拥有关于"签到"的清晰的创新理念，但实际上游戏才是重点。如果没有足够多的人投入到一种基础行为（如签到），那么这项服务的价值就为零。然而，通过激励人们去玩，这种基础行为就可能会随之源源不断。这点在 Foursquare 确实很奏效。

Foursquare 的经验教训

Foursquare 的整体使用率仍在继续增长，但许多长期用户已经不再沉迷于此。这导致了公司在某种程度的绝望：像徽章和挑战这些参与机制，在一段更长的时间内还能产生作用吗？在 Foursquare 游戏化中得出的重要经验之一，就是需要持续不断地完善和创新。自推出以来，Foursquare 发布的主要更新屈指可数，

第 8 章
用游戏化隔绝干扰消费者的噪音

> 其中只有少数几个是针对游戏玩法本身的。在多个研讨当中,投资者和创始人都曾表达了一种渴望,那就是希望推动公司超越其以游戏为核心的根本,变得更实用,更功利化,比如提供餐馆推荐等导购功能。不过,虽然从赚钱的角度来看,这可能是很重要的,但从对替代游戏化的互动方案的关注来看,似乎已经对用户参与度造成了消极的影响。
>
> 我们从Foursqure例子中获得的启发是:游戏化是一个过程,而不是一个产品;并且,游戏化需要长期维护和培养。如果你的公司有一个优秀的游戏化体验,消费者喜欢并使用它,那就不要放弃它。精益进入!游戏化是能确保带来长期使用、收益和互动的最佳方式。正如本书所展示的很多案例,设计优秀的游戏化体验,不仅可以改变企业的命运,甚至其自身也可以创造收入。

用游戏化引起用户的关注与互动

Foursquare 引人注目的地方,不仅是吸引了用户的大规模参与,更值得关注的是发生这一切的背景。在首次推出 Dodgeball.com 的 2005 年,智能手机在北美的拥有量只有 600 万台。此后,智能手机用户的数量不断飙升。摩根士丹利的研究表明,Foursquare 诞生的 2009 年(同年,Dodgeball.com 关闭),手机厂商的出货量超过 5 100 万台。仅仅两年之后,智能手机出货量超越了 PC,大多数用户青睐使用苹果 iPhone 系列和安卓系统手机，留下过去的重量级大厂 RIM 公司[①]和诺基亚奄奄一息，垂死挣扎。

> **游戏化阅读**
>
> **问题 2**
>
> 如果问及你的顾客：在你的业务中，他们最喜欢的三件事是什么？他们会怎么说？如果你能回答这个问题，得 1 分。

主流媒体渠道甚至也不能幸免。据尼尔森调查，大约 86% 拥有智能设备的美国成年人会一边看电视，一边使用第二个屏幕——手机或平板电脑。观众傻坐在沙发里盯着显像管的日子已经一去不返了。如今，通过发生在整个媒体循环中的围观、微博和社交活动，已形成 7 天 24 小时不间断的快速反馈文化。

美国国家广播公司旗下的美国电视网是率先注意到这一趋势的主流媒体。在实践主流广播媒体游戏化的领导者当中，美国电视网早在 2009 年就为其电视剧集《灵异妙探》（*Psych*）开创了一个社交忠诚度和游戏化奖励系统，利用网络休闲游戏服务商 Bunchball 的技术，为剧集的粉丝们提供小游戏。从节目网页下方三个用图形表示的某一个入口开始，用户根据提示回答问题，然后网页上的"立即行动"会把他们送到"《灵异妙探》俱乐部"的页面，创造与粉丝们的互动，如图 8—2 所示。

---

① RIM 公司（Research in Motion Ltd，移动研究公司），是黑莓手机的制造商。——译者注

第 8 章
用游戏化隔绝干扰消费者的噪音

图 8—2 《灵异妙探》俱乐部页面

　　一旦进入俱乐部网站，用户就会被带入到游戏里，按提示去完成挑战，并参与到和名人及其他粉丝的互动之中。用户可以赚取积分，兑换商品和体验，而另一边则是售卖印有《灵异妙探》和美国全国广播公司标志的周边产品的在线商店，可以用现金购买。在网站推出的几周内，围绕这部剧集的在线活动增加了超过 100%，符合主要的互动指标。在线商店的销售增长也超过 50%，而剧集所增加的网络广告资源还带来了更多的广告收入。

《灵异妙探》活动的活跃彰显了一种为观众带来惊喜和乐趣的奥妙方法，它运用了包括鼓励用户行为的徽章、随机抽奖、俱乐部成员独家享用的奖励内容等激励手段。通过提供意想不到的快乐，使整个游戏化系统受到了人们迅速增长的关注。当然，这里边的情感联系很简单，那就是销售乐趣。

对于任何想通过游戏化产生用户关注和初期互动，并因此制定了全面战略的企业来讲，幸运的是，《灵异妙探》和 Foursquare 的"突破性"经验是可以被复制的，其六大突出性经验如下：

> 充满惊喜和快乐；
> 将品牌游戏化；
> 创造乐趣；
> 吸引朋友的朋友们关注你的品牌；
> 将社交作为游戏化的核心；
> 有故事可讲。

当然，毫无疑问，你必须先生产出伟大的产品和/或提供一流的服务。游戏化并不偏离对交付优秀的产品和服务的需要。恰恰相反，由于游戏化当中所产生的大量的社交性和用户的自主行为，在整个游戏的生命周期当中更需要优秀的产品和服务。在提高顾客的互动参与时，这里以及下面的章节中所介绍的每一个游戏化策略既可以一起使用，也可以单独使用。对这些方法的巧妙平衡可以创造巨大的效果。

第 8 章
用游戏化隔绝干扰消费者的噪音

> **游戏化阅读**
>
> **问题 3**
>
> 你的顾客认为,你的公司可以在哪三件事上做得更好?如果无法回答这个问题,你就不能得到任何分数。

充满惊喜和快乐

虽然在大多数游戏化的应用和体验中,徽章是常见的元素,但在 Foursquare 中,用户并没有被预先告知他们会得到哪些徽章。通常情况下,当玩家在游戏中通过设计人员设置的条件获取徽章时,是没有事先提醒的。与《童子军》(*Boy Scouts*)一清二楚的徽章收集方法(例如,木雕或阅读徽章)相比,Foursquare 的徽章是缺乏明确指示的。然而,正因为未知,所以当 Foursquare 用户获得每个徽章的那一刻,都会成为兴奋的"尖叫一刻",由此提高了玩家在 Facebook 或 Twitter 上公开成就进而推广游戏的可能性。

因惊喜和快乐而引发分享,这一点对 Foursquare 的成功起到了关键的作用。这并不是说,像《童子军》那样基于任务的方法就不会奏效。然而,在 Foursquare 这个案例中,只需要用最小的努力,就能帮助公司成长。每个分享的"签到"会被上传到用户的社交图谱,比如 Facebook 或 Twitter 上,这些同样也是他们的联系人在使用的服务,继而会引起病毒式的传播。此外,主要受"徽章控"用户的推动,围绕每一个场所(商家)可量化的数据的不断增加,Foursquare 随之发现它揭示的不仅仅是用户的行为,还可以精确定位用户们去过的地方。在某些

179

情况下，Foursquare 甚至可以通过由定向广告服务和赞助的收入所支持的好友和算法推荐使这些渠道赚钱。

史无前例的技术结构转变和在用户当中的早期流行推动了 Foursquare 的增长，并使该公司所运用的游戏机制在吸引消费者方面大获成功。千真万确，如果没有 iPhone，Foursquare 的许多功能（如徽章和签到）是不可能做到的。但是，在这个产生 iPhone 和《愤怒的小鸟》那样数十亿下载量的游戏的时代，市场对用户的关注比以往任何时候都更加热切了。对于 Foursquare 而言，要在这样的环境中实现突破，不能仅仅是新奇或具有那么一点新闻价值。Foursquare 创始人克劳利和塞尔瓦杜莱拥有大量互相连接的用户，他们渴望和自己的朋友圈保持联系，或者只要体验有趣，但这些是不够的。必须把这些整合在一起，而且还不止如此。

游戏化阅读

问题 4

你的公司在做或未做的事情中，什么是令顾客们讨厌的，他们会怎么说？如果你能为此找到一个答案，给自己加 1 分吧。

品牌游戏化：Nike+ 的例子

2004 年，耐克公司通过与网络媒体先锋高客传媒（Gawker Media）携手合作，在全球社交网络刚刚兴起时就已经处于领先地位。他们与优秀的电影制片人合作，制作了一系列短片。当时，耐克已经取得了篮球运动鞋业绩的稳步攀升，但在其他重要的国际体育竞技，包括足球、棒球、游泳领域中，该公司仍然处在落后的地位。到2006年，在颇具影响力的跑步鞋领域，耐克的市场占有率下降至其历史最低点，在爱世克斯（Asics）、纽巴伦（New Balance）以及其他更多"硬派"跑步鞋品牌面前节节败退。

然后在同一年，事情发生了转变。并且，在之后三年中，耐克成了社交化网络运动体验的无可争议的领导者。耐克在2006年所作的改变，就是开发了一款名为Nike+的游戏，这是一套基于移动定位技术，包含软件和硬件的解决方案。当用户佩戴Nike+设备出去跑步时，可以追踪自己的步数、卡路里的燃烧量以及跑步路线。然后，当用户将这些数据传输到电脑，可以获得更为丰富的体验。通过Nike+，在布鲁克林的用户可以同身处达拉斯、洛杉矶甚至香港的好朋友一起跑步，互相鼓励，挑战最快的纪录。或者，用户为了应对挑战、获得荣誉和奖品，跑得更快，更远，更努力。

由于Nike+的成功，耐克公司的股票在一年里上涨了近10%。在此成功基础上，这家位于俄勒冈州比弗顿的运动服装与鞋业巨头持续创新，不断增加更多游戏化体验的设计，使跑步这项运动变得社交化、协同化，并富有乐趣。更重要的是，游戏化策略在耐克公司内部已经扎根，该公司实际上几乎完全放弃了传统营销，转而持续关注数字化营销手段。产生这种变化的原因是显而易见的，试想一下：一位消费者想要在一场漫长的跑步当中超过取得领先地位的哥哥，这时候如果他需要买一双新鞋，我敢打赌，他买的鞋子上一定会有旋风标志。

Nike+包含了由用户的Facebook好友组成的"啦啦队"，用户也可以向这些好友发起跑步比赛的挑战。Nike+还会送出电子徽章和奖品,当用户达成了一个特定的目标,会看到运动明星及其他明日之星的鼓励视频。在Nike+网站页面中的一个奖励视频中,两届奥运会银牌得主阿里森·费利克斯(Allyson Felix)会对用户说:"祝贺你完成了第一个5 000米!"

撇开所有花哨的东西,Nike+利用一个非常简单的概念创造了一种快速反馈的游戏化系统,这个概念就是:打败你自己的最佳成绩。推动人们追求卓越是非常符合耐克的品牌精神的。到2012年中期,Nike+已经拥有超过500万的用户,累计跑步距离达到7亿公里。再来看一下美国体育用品制造商协会(SGMA)测算的数据,在美国总共只有900万人经常跑步,平均每年跑步的次数为110次多一点。但耐克的主要市场由3 800万美国人组成,与铁杆爱好者不同,他们每两个月才偶尔跑一下。因此,尽管Nike+一经推出就迅速得到了近50%的核心用户市场,但在这之后,该公司必须采取更大胆的举措来获取大众市场。

游戏化阅读

问题5

你的顾客最尊敬的三位商业或文化偶像是什么?和前面一样,如果你可以回答这个问题,就给自己加1分。

于是,耐克公司在2012年推出了其历史上最成功的产品——FuelBand。FuelBand是与Nike+相连接,用游戏来测量和监测用户运动及训练体验的工具。该产品一经开放预购,就迅速售罄。通过名人推荐、惊人的病毒传播,以及产品的版本更新,FuelBand也许已经是自

第 8 章
用游戏化隔绝干扰消费者的噪音

iPhone 和 iPad 大规模脱销以来最难买到的硬件设备了。最近，通过整合所有理念，耐克公司又推出了 GameOnWorld，这是对其游戏化核心战略的直接承认和致敬。

在这项营销活动中，耐克将其核心用户——健身爱好者从现实带到了游戏当中。消费者在游戏里通过超越自己的最佳成绩，完成挑战和击败著名的形象代言人、美国影星硬汉文·瑞姆斯（Ving Rhames）来提升等级。从本质上讲，耐克公司已经把游戏化作为其产品设计和全球营销战略的核心了。

从更深层次来分析，Nike+ 和 FuelBand 一直如此成功的原因，源自它们发挥了其本身的作用：帮助用户达成并超越他们的最佳成绩。显然，这一直是耐克这样的公司几十年来通过广告所传达的基本信息。但要实现一双跑鞋和真正的营销业绩之间的跨越，则充满了挑战。因为，显然在非技术化的世界里，要消费者去关注到这个层面的细节是非常困难的。借助以反馈为基础的游戏化方式，耐克公司将会伴随消费者每一步。当他们成功时，耐克和它的产品就在消费者身边，给他们好消息，为他们欢呼，提醒他们推动自己不断进步。这是大部分品牌梦寐以求的一种沟通方式，但只有通过游戏化才能做到。

游戏化阅读

问题 6

如果让你的顾客描述贵公司员工的三个最典型的特征，他们会怎么说？如果你能回答这个问题，给自己加 1 分吧。

打造乐趣

苹果公司前 CEO 史蒂夫·乔布斯在他的人生当中，对提供乐趣和兴奋有着深刻的理解。作为一位完美的演出者，他发布苹果产品的演讲几乎是传奇一般。每一次，观众们都会屏息凝神等待着他说出那句咒语："还有一件事。"

但是，在每一次炙手可热的发布会前的预热阶段，苹果公司的公关人员就已经开始耍起了游戏化的把戏，用难以捉摸的信号挑逗在场媒体，吊足大家的胃口。苹果公司的产品保密工作之严密是人尽皆知的，员工一旦泄密就会立即被公司开除。但是，苹果公司的公关团队总是喜欢围绕发布会构建一些线索，其中就包括发布会的邀请函本身。

在每一次发布会之前，人们都会在互联网上热烈讨论竞相猜测发布会的内容。苹果公关团队的做法特别有意思，例如，在 iPhone 4S 发布会的邀请函当中，就包含了一些与这款产品的新功能相关的几个有趣的线索：通过开场白"Let's talk iPhone"中的词语"talk"暗指 Siri 语音识别功能；通过使用 iPhone 的单数，而不是复数，暗示即将公布的功能是 iPhone4S 独有的，并非所有 iPhone 都具备；此外，在日历图标上放置了数字 4，即代表了新操作系统（iOS4）的版本号，也暗合了发布会的日期 2011 年 10 月 4 日。

收到发布会邀请函或有幸提前见过它的人，在网上公开讨论和传播这些线索时，会引起公众对于苹果产品的热议。如今，大家都知道要观察苹果的邀请函，而且研究得特别仔细。2012 年 9 月 12 日，苹果发布了一个简单的通告，上面有一个大大的黑色数字 12，底部是一个朦胧的倒影，勾勒出数字 5 的样子，文字顶部写有"即将登场"（It's almost here）。"苹果已经不打算继续用数字来命名新的 iPhone 了，所以数字 5 表示会一次性公开五个产品"，人们围绕着这类观点争论不休，各种猜想在互联网上如野火般迅速蔓延开来。（其实，这是 iPhone 5 的邀请函，这个结果或许让一些自作聪明的解密者略感失望。）

> **游戏化阅读**
>
> 问题 7
>
> 在用户的生活当中，他们最喜闻乐见或感到兴奋的三件事物是什么？如果你无法回答，就只能得 0 分，反之可以得到 1 分。

苹果公司的邀请函小游戏所产生的效果是惊人的，也超出了该公司的预期。据谷歌统计，仅与解密苹果邀请函有关的博客文章和网页就有超过 400 万个。在用于吸引媒体关注发布会的所有工作当中，虽然这只是很小的一部分，但仍然是一次成功的免费推广，相当于为苹果公司增加了数亿美元的收入。显然，设计者和公司高管都很喜欢这个既充满乐趣，又能给公司带来巨大效益的小乐子。

销售乐趣不仅存在于消费类电子产品领域，同样适合于更高端的品牌和体验，甚至是一些你可能没有想到的地方。2010 年，为了推出新的网球鞋产品，尊贵时尚女鞋品牌周仰杰（Jimmy Choo）决定与顾客们玩一个游戏。周仰杰把伦敦街道作为游戏舞台，将社交网络作为其交流平台，展开了一个叫做《靓鞋谜踪》（CatchAChoo）的游戏，颠覆了女性消费者——尤其是对高端鞋类感兴趣的客户可能不喜欢竞争（哪怕是公平竞争）的传统观念。

玩家有机会从六双 Trainer 运动鞋中赢得其一，前提是他们能够在伦敦城内快速找到这些鞋子的"藏身之处"。该公司通过 Facebook、Twitter 和 Foursquare 发布鞋子的位置。率先在指定位置找到周仰杰工作人员，并向她说出"我一直跟着你"的参与者，就能赢得一双鞋子。在那个阳光灿烂的日子里，有 20 000 人参与了这个游戏，成了该公司历史上前所未有的、规模最大的一次推广活动。此外，通过口耳相传的影响和社交媒体的推动，使许多无缘亲临伦敦的女性消费者们也远程关注了这次活动。

据说，周仰杰在这个推广上的花费远低于 10 万美元，结果却带来了数百万免费的媒体报道，以及全球女粉丝们的崇拜和热情。

还有一些其他知名品牌也通过提供乐趣，获得了全世界的关注。2010 年，MINI Cooper 邀请身处斯德哥尔摩的消费者们"追逐和捕捉"该品牌的新款 Countryman 汽车。当参与者身处与这辆车不到 50 米的距离范围内时，在智能手机上的配套应用程序里点击，就可以虚拟地"拿到"它。随后，这个信息会被通知到附近的"对手"——其他参与者，他们的位置会在应用程序里的地图上被标注出来。游戏的目标就是，拿到虚拟汽车的人必须与其他对手保持至少 50 米的距离，以免汽车被别人夺走。第一个成功地连续持有虚拟汽车达一周的人，就能赢得一辆真车。

与此类似，德国电信业巨头德国电信股份公司于 3GSM 会议期间，在巴塞罗那市中心举办了热门手机游戏《愤怒的小鸟》的真人版活动。用户在平板电脑上拉伸那条熟悉的橡皮筋，把小鸟发射到空中。一旦橡皮筋被释放，就会有一个"活生生的"愤怒的小鸟飞向一个真实的由木头和猪组成的结构当中。虽然只有几十人有机会在现场体验了这个游戏，但当天在巴塞罗那有成千上万的观众亲临现场观看，而通过 YouTube 观看该游戏视频的用户超过了 1 500 万。这次展示被 ForeverGeek 等网站誉为"最好的广告活动之一"。

美国知名调味料品牌塔巴斯科（Tabasco）则运用了更注重以忠诚度为导向的方法，推出了名为"塔巴斯科国"的大使计划。这个游戏化的互动活动把 Facebook 作为平台，通过这个平台动员了其为数 50 万人的粉丝群。活动以挑战为中心，要求用户统计他们每天消耗掉的塔巴斯科辣椒酱的滴数，上传有趣的食物组合的照片，并且进行一系列每日投票。参与的选手会被授予积分、徽章以及与塔巴斯科品牌相关的奖品，还可以获得"大使"和"市长"头衔。但是，这个游戏所包含的不止这些，它正在被不断地扩展充实。在一个被该公司称为"塔巴斯科国歌"的挑战中，用户们会加入到一个由人们逐个传递塔巴斯科辣椒酱的"永不落幕的视频"游戏。

这些都是有用且运作良好的模式。其中那些直接将社交整合到用户体验中的尝试，尤其值得注意。这并非是马后炮，社交网络是游戏化体验的核心，也就是说，没有它，你的计划将寸步难行。

游戏化阅读

问题 8

最令你的用户害怕或焦虑的三个事物是什么？请务必考虑他们的生活，而不仅仅是与贵公司产品之间的相互作用。如果你没有答案，就给你自己一个 0 分；如果有答案，能得到 1 分！

吸引朋友的朋友们关注你的品牌

显而易见,哪怕是更小的、细微的乐趣,也仍然是一个能够在用户当中引起兴趣和互动的强大工具。然而,有许多类似于游戏的设计并没有达到传播乐趣的要求。在"赢家通吃"的比赛(你会犹豫要不要邀请其他人来玩)和简单的"分享给好友"(会带来无聊的或低价值的行为)这两种形式当中尤其明显,大多数促销活动对于社交网络的使用方式都是荒唐可笑的。

元素棒(Element Bar)是一种消费者可在线定制的"健康食品棒"(whole food bar)。它就好像是燕麦棒,但原料本身是可选的。用户可以登陆元素棒的网站,根据描述,从所提供的原材料当中进行选择,由自己来设计一盒12支装的健康零食。由于元素棒不含大量的饱和脂肪酸,且未经食品加工,因此被标上"全天然"的标签,是比市场上其他产品更健康的选择。

元素棒一经推出,就引起了消费者的巨大反响。这是个不错的开端,于是,公司的两位创始人之一——乔纳森·米勒(Jonathan Miller)开始盘算如何将消费群体的积极作用应用于品牌推广。米勒参考了LivingSocial 的模式,即一名消费者若推荐三位好友购买指定商品,就可以免费获得该商品。他决定实施一个游戏化的推荐营销方案①。

重要的是,米勒很清楚这个方案将要达成的效果不仅仅是制造"兴奋",或是"社交媒体曝光"。在把游戏化与销售指标相结合的过程中,

---

① 推荐营销(Referral Marketing),就是建立在顾客忠诚的基础上,企业通过对顾客的引导,让忠诚的顾客自发地为企业做营销,从而达到企业和顾客良好的感情沟通,实现以顾客为中心,顾客与企业之间的真实互动的一种营销方法。——译者注

第 8 章
用游戏化隔绝干扰消费者的噪音

米勒相当谨慎,确保能够追踪到用户在公司网站上的每一个动作。首先,他分析了用户在社交网络上的沟通方式,密切关注他们如何推荐产品给好友或粉丝。米勒设计了一个可追踪的,并且容易被用户理解的简单指标。"一开始是(让消费者)'发邮件告诉朋友'",他解释道,在此基础上,如果消费者带来了其他客户,那么每个人就都能得到回报——"你要么可以得到一个折扣,要么就能免费获得产品。"

然而,米勒知道,不是每个人都热衷于公开赞美产品。他列举了两个不利于产生积极推广的主要障碍:1. 从不尝试独特产品的人群,从行为层面来看,与习惯尝试新东西的消费者相比,这群人不太习惯于给予赞美,即使以物质来刺激也没用;2. 不喜欢被广告这类东西轰炸的人群,哪怕是朋友发来的也不行,而且,正因为如此,他们自己也不会把广告发给其他人。

米勒认为,对于元素棒而言,最佳的策略是"拉",而不是"推"。于是,这家公司准备推出一个游戏。介于人们发布的内容实际上并没有在 Facebook 和 Twitter 等网站全部被展示出来,所以,元素棒确定他们必须在短时间内制造大量的流量,以获得最大程度的关注度。只有有足够的关注度,才能使这个游戏在财务上变得可行,特别是考虑到公司要把产品作为奖品发放所产生的成本。

该公司所做的第一件事,是为赢得抽奖的用户提供一盒免费的饼干。用户如果想要加入这个活动,只要去元素棒的 Facebook 主页上点赞。在活动启动后的第一个小时,元素棒的主页就得到了比以往多八倍的"赞"数。第一天结束时,主页获得的"点赞"数量超过了 5 000 个。在第二天里,如果用户在新的消息下面添加评论,或提名将他们钟爱的配料加入元素棒，就能够参加新的抽奖活动。随着用户们的传播，主页上的各种评论立即开始不断增加。

这个游戏能够追踪到有多少人接触了公司的品牌，有多少人参与了活动，有多少人因为好友的参与而开始和元素棒重新建立互动。元素棒也随之看到了它的月度销售数据增长了三倍，同时，其品牌主页的活跃度也得到了巨大的提升。更重要的是，对于一家小型公司的目标而言，能达成以往三倍的增长，意味着用户的互动参与形成了品牌与消费者的好友以及更多的人之间的联系。

将社交作为游戏化的核心

绝大多数成功的社交游戏，尤其那些在 Facebook 上运营的产品，都非常了解对社交推广动力的优化。如果你的社交要求或推广在游戏化的体验当中只是一个次要动作（比如，分享给好友），那么用户带给你的就只能是低质量、低优先级和低意愿的行动。总而言之，就是一无是处。

但是，我们可以另辟蹊径。比如，《咖啡世界》（*Café World*）之类的游戏就开创了一种新的玩法。《咖啡世界》是一个关于餐厅管理的 Facebook 游戏，它采用了将社交需求直接融入游戏玩法的新模式。换句话说，就是让玩家传播游戏，吸引更多人来玩，变成游戏体验中不可分割的一部分。例如，当玩家在《咖啡世界》里想要进入下一个关，系统会提示他们招募好友一起来玩。当玩家发送邀请给好友，他们的朋友们会收到被邀请参加或协助游戏的信。信息里写着要送给他们一些礼物（比方说，提供一个额外的蛋糕），或者是需要他们的帮忙（比如，玩家

第 8 章
用游戏化隔绝干扰消费者的噪音

需要一些鸡蛋)。如果好友们接受了邀请，发出邀请的玩家就会收到虚拟货币，或者是其他用于继续进行游戏的必需品。

进步是产生幸福和驾驭的整体感受的关键因素，是通往社交互动的大门。玩家的好友，也就是邀请的接收者，会意识到一个事实：他的作为或不作为将关系到玩家在游戏中的成就。于是，游戏借助这种社交压力能够成功地招募其他玩家，并转化为不断增加的用户数量和收入的逐渐增长。

2011年，财捷集团非常出色的游戏化社交活动引起了轰动。该公司旗下的TurboTax品牌借助社交网络和慈善事业的力量，推出了《玩游戏做公益》(*Gaming for Good*) 游戏。这是一个基于Facebook的简单的卡片记忆游戏，玩家要记住屏幕上显示的内容，比如可抵税项目（的文字或图片)，然后进行匹配，完成三个关卡就算通关。用户每通关一次，TurboTax就会向儿童慈善组织Tots捐赠一个玩具。

这个项目打破了之前所有的用户获取数据的统计纪录。TurboTax在短短几个星期之内获得了超过101 000个Facebook新粉丝，平均每个粉丝在Facebook或Twitter上传播了超过1.44条消息，每次游戏的平均时间近8分钟。最重要的是，人们对TurboTax的日均讨论数量急剧上升，从每天300人达到高峰期的43 000人以上。经过测算，用户们的病毒式传播使看到有关TurboTax信息的人数从过去的每天只有2 500人增加到超过30万人。

事实证明，承诺慈善捐赠是这次活动成功的重要一环，这说明用户们会为了支持慈善事业而利用自己的时间做出额外的努力。借助Vitrue公司的设计，TurboTax还很巧妙地利用一个计数器来展示公司所捐赠的玩具的数量。这样，玩家就能够看到他们的游戏行为对慈善事业的直接影响，并愿意通过共同努力来提升活动的效果。对 TurboTax 而言，这个游戏本身简单至极，所以无法保持玩家的长期参与，但作为一个短期的强有力的社交传播载体，它是完美的。

虽然 TurboTax 社交游戏化的手法获得了成功，但有一个元素并没有作为这种体验的重点，那就是故事。不是每个游戏化的体验都重视故事的，但如果品牌非常善于讲故事，那么就有可能带来惊人的消费者互动。

游戏化阅读

问题 9

用一句话来说明：你将如何用你的产品帮助顾客驾驭他们的生活？你会怎么描述？如果你能回答这个问题，就拿到 1 分。

有故事可讲

2007 年夏天，身处圣地亚哥的人们一起协作讲述了一个十分精彩的故事。圣地亚哥动漫展期间，有超过 10 000 名参与者走上街头，加入到电影《蝙蝠侠：黑暗骑士》上映前的预热活动当中，这是一次病毒式的营销活动。在整个过程当中，这个游戏吸引了全球超过 300 万名参与者。不仅如此，它还建立了一个自称为"小丑军团"的社群。这些参与者积极响应首领的指令，完成各种任务，其中包括在脸上画上小丑妆，然后在世界各地的标志性建筑物前留影。

这次活动由前迪士尼的创新工程师及游戏设计老将苏珊·邦德斯（Susan Bonds）掌管的"42 娱乐"（42 Entertainment）公司策划。该公司经手的项目都非常精彩，不仅是因为它们的规模宏大，还在于他们天

第 8 章
用游戏化隔绝干扰消费者的噪音

马行空地运用不同技术，通过各种设备创造用户体验的方式——把一个幻想故事娓娓道来，弄假成真。

"干嘛这么严肃？"（Why So serious？）是这次《蝙蝠侠：黑暗骑士》游戏活动的名称，源自电影中由希斯·莱杰（Heath Ledger）所扮演的小丑所说的话，是一句令人印象深刻的经典台词。当小丑的扑克牌出现在核心观众们聚集的漫画书店和相关活动地点时，这场游戏便拉开了序幕。扑克牌引导参与者前往一个网站，在那里输入他们的电子邮件地址，参加虚拟哥谭市的一个竞选投票活动。投票支持或反对的对象，是电影中的核心人物——哈维·丹特（Harvey Dent）。活动刚开始，立刻就有两万人注册参加。他们看到一张神秘的图片，但只有局部，为了把它完整地揭示出来，参与者们需要寻求更多人的加入。在这张照片逐渐显露出来的过程中，人们才知道原来需要有十万人来参与揭秘。这让媒体开始产生了兴趣，人们对此议论纷纷，奔走相告。当游戏达成了十万人时，图片才完全呈现了出来，上面是：小丑的面孔。但是，这还没有结束。照片随后褪变成黑色的屏幕，随着小丑大笑着说出："我们 12 月见。"同样的预告文字也被显现出来。①

2011 年，苏珊·邦德斯在纽约游戏化峰会中发表主题演讲，说明了逐渐揭示图片的目的其实是很简单的。那些亲眼见过这张照片的人都会产生很特别的感觉，就好像他们是某个神秘组织的一员。而对于那些

---

① "干嘛这么严肃" 是一次覆盖全球 75 个国家、超过 1 000 万人参与的 360 度 ARG 体验（ARG，全称 Alternate Reality Gaming，中文叫做"侵入式虚拟现实互动游戏"。是一种以真实世界为平台、融合多种虚拟游戏元素、玩家可以亲自参与角色扮演的多媒体互动游戏。），是好莱坞宣传史上构思最精妙细致、最系统的经典营销案例，可谓无孔不入、环环相扣、步步为营。——译者注

仅仅听说过这张图片的人来说，这场活动就完全带有一些传奇色彩了。但首先，这张照片改变了沟通方式，增加了互动，留给参与者无尽的想象："接下来会是什么？"

"干嘛这么严肃"寻宝游戏被刻意安排在圣地亚哥动漫展期间。影迷们从被分发的10 000张做过标记的钞票得知游戏开始的位置。到达指定地点之后，一架飞机从头顶掠过，在天空中写下一串电话号码。影迷们拨打这个电话，得到下一个指令，其中包括把自己涂鸦成小丑的模样。任务发出，影迷照办。在寻宝活动的尾声，一位幸运的参与者被挑选出来带到片场，他在那里被安排在电影中扮演小丑手下的一个小喽罗！

在之后的几个月，游戏活动持续进行，直到影片上映。游戏活动的挑战任务频频发出，覆盖全国各地。在不同的城市里，有些影迷收到消息，要去拜访某个面包店。他们必须提供一个暗号，才能获得线索。游戏的规矩是先到先得，那些及时赶到面包店的影迷，会得到一个蛋糕，上面有一个数字，还有一句话："现在给我打电话。"。突然，他们面前的蛋糕发出aa电话铃声。当影迷扒开蛋糕，发现其中有一个证据袋，里面有一台手机在响。在那之后，他们被告知，自己最终将成为把小丑从监狱里解救出来的努力中的一部分。而解救小丑，是电影本身的关键剧情。

"干嘛这么严肃"是病毒式营销获得巨大成功的案例。通过寻找、吸引和再度参与，把一大群蝙蝠侠的影迷从被动的围观者变成积极的参与者。虽然十年前喜欢过蝙蝠侠的人们买了玩具，也去看了电影，但"干嘛这么严肃"游戏的成功清楚地证明了，它今天之所以能够激发狂热粉丝的兴趣，取得更高的效益，很大程度上源于影片宣传的游戏化。

这个游戏活动本身非常高调，声名远播，即使是没有参与过的人，也都可能从网页、报纸或社交媒体知道一些相关的信息。1939年，一位身披黑翼在夜幕下的哥谭市与犯罪分子搏斗的超级英雄被介绍给这个世界，而在当时，漫画书背面一张简单的黑白广告就足以吸引读者的关注。蝙蝠侠和他的那些酷炫的装备，还有蝙蝠武器带来的各种技能，这些就足够了。但在今天，我们被大量信息所淹没，业余时间还有一堆事情要做，在少得可怜的空闲时间里，何处能吸引我们呢？或者，更重要的是，你该如何吸引我们？

多年来，人们一直在争论，在超级英雄之间的对决中究竟谁会获胜。涉及品牌推广和广告营销，这次蝙蝠侠赢了，这也是游戏化的胜利。作为隔绝噪音、连接受众的最有力的工具，游戏化可以用于各种不同的设计方案与策略。重要的是，你必须有一个伟大的产品，有一个故事可以讲述。强调乐趣，适当利用惊喜和快乐，同时确保在每个环节整合社交性，将有助于推动你的客户互动进程。当一切开始有条不紊地进行时，你的注意力就可以放在建立持久的互动中去了，这也是应该去做的。

游戏化阅读

得分游戏：追逐你的梦想

计算一下你的得分。如果你拿到 5 分或超过了 5 分，那你的企业也就已经为抓住梦寐以求的客户做好准备了！

THE GAMIFICATION REVOLUTION

第 9 章
用游戏化吸引客户长期互动

在你维系客户互动和参与的过程中，可以利用游戏化来推动创新，用众包手段来提供支持。当你和消费者以新的方式加深关系之后，这种被高度利用的商业策略可以帮助你把游戏化变成创造力和盈利能力的发动机。

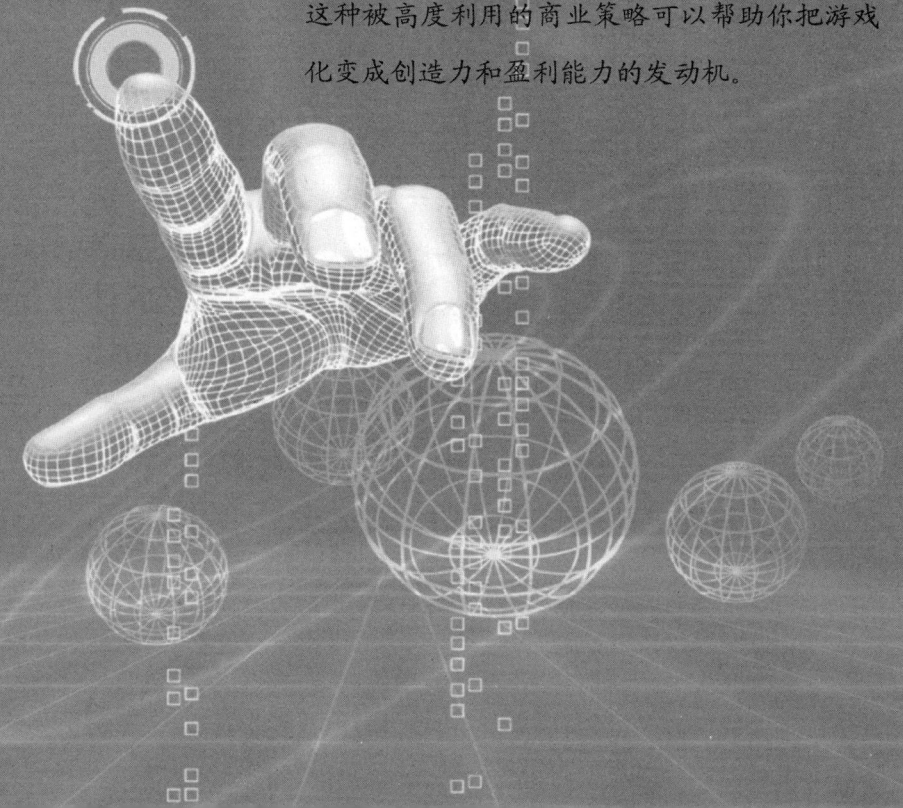

无论初期的客户参与方案设计得如何出色，用户也会在某些时候对其失去兴趣，使互动逐渐开始萎缩。更新颖、更精彩的游戏总是能吸引用户的眼球，哪怕是史上设计得最好、投入成本最高的游戏也无法避免被喜新厌旧的用户所抛弃。

举个例子来说，大型多人在线游戏《星球大战：旧共和国》[①]是公认的有史以来开发投入最昂贵的游戏，其开发成本在1.5亿～2亿美元之间。业界备受赞誉的游戏开发公司BioWare为该产品花了数年的时间，玩家对游戏上线的热切期待也是前所未有的。在热情玩家经年累月的热切期待当中，游戏终于在2011年12月亮相，在三天内积累了超过100万名用户，可谓一炮而红。与以往的其他同类游戏相比，《星球大战：旧共和国》为游戏角色的冒险成长提供了更丰富的故事

[①]《星球大战：旧共和国》是以星球大战为背景的大型多人在线角色扮演游戏。该游戏由BioWare制作，并在2011年底由电子艺界公司发行。据估算，该游戏的开发成本约为3亿美元，是历史上开发成本最高的游戏之一。——译者注

背景和环境。玩家可以驾驶着自己获得的飞船,随着深入展开的剧情,探索浩瀚宇宙中的各个星球,尤其是如果和其他玩家一起组队的时候,更是过瘾。

先期涌入的玩家使《星球大战:旧共和国》成为历史上上线规模最大和用户增长最快的网络游戏。但是,仅仅60天之后,在其接近200万用户的峰值时,流量开始回落。在八个月里,用户大量流失,只剩下不到100万人。这严重打击了该款游戏的发行商美国电子艺界公司的财务状况,公司在其季度盈利电话会议中专门就此进行了讨论。到2012年第四季度,该公司宣布把原来每月收取13美元的包月付费模式转变成免费模式(通过游戏内虚拟道具销售来获取收入),以求起死回生。

与之类似的命运转折,也已经悄然降临到许多其他网络游戏的头上,包括运营时间最长和最成功的网络游戏——《魔兽世界》。2012年,《魔兽世界》在一个月内流失了100万用户。而其他公司如Zynga和Rovio这些有着数千万甚至数十亿用户的公司,他们的未来也已经在巨大的变化中风雨飘摇。

面对上述情况,所有从事产品或营销的人都会立刻在心底冒出一个疑问:"为什么?"毫无疑问,游戏业的人们也在思考同样的问题。但是,没有现成的答案。而游戏业为此做了许多不同的努力,包括不断变换口味,让玩家得到物超所值的体验,为特定游戏举办社交聚会。然而,这些努力实际上都反映了一个关键性的问题:这个游戏已经不再好玩了。一旦玩家对游戏失去了兴趣或动机,就很难让他们回来。而当他们的朋友们成群结队地离开游戏时,想要留住玩家和发展新用户就变得极其艰难。

> **游戏化阅读**
>
> **找词拼句**
>
> 收集分散在本章中的所有黑体字（章节标题不计在内），然后重新排列这些文字来回答下面这个问题：
>
> 哪个行业的游戏化方案看似充满了获取乐趣、挑战和奖励的新机会，然而不断带来的却是无趣，以及极其有限和毫无价值的回报？
>
> 访问http://gamrev.com，下载并访问本书配套应用，可找到答案，或翻看书后的答案来验证。

如果拥有大量资源和经验的游戏公司都无法避免用户对产品产生疲劳，那么其他行业和品牌又有什么办法来维持用户的参与呢？

不同的企业及其所属领域，都会有不同的答案。在这里，我们介绍一些已经在某些成功的企业中通过游戏化建立持续参与的方案中被运用的策略：

➢ 定义"常规行为"；
➢ 建立一个有效的互动参与循环；
➢ 保持内容的持久弥新；
➢ 运用有意义的激励；
➢ 将个人的成长和进步联系起来；

➢ 创造不断的学习机会；

➢ 将忠诚度转化为收益。

让我们深入了解这些方法，看看成功的企业是如何运用它们的。

定义游戏化中的常规行为

在游戏当中，所谓"常规行为"就是用户必须经常重复的一些简单动作，以获取在游戏中成长所需的足够资源。通常，常规行为就是那种闭着眼睛都能一遍遍重复完成的一个简单行为（或一系列行为）。玩家完成了足够的行为就能得到一些好处，可以用在游戏里取得更大幅度的进展。常规行为一般类似于收获植物或采矿，这些我们在很多角色扮演游戏里都见过。而在现实世界里，上下班打卡、接听客户电话或召开每周例会，都可以说是常规行为。

在游戏化的系统里，常规行为通常是行动当中的一个微小单位，是用户为了取得进展必须完成的基本行为。在 Foursquare 中，常规行为就是签到；在最具影响力的照片分享应用 Instagram 中，常规行为就是上传照片；对于超市的理货员而言，整理货架就是常规行为；而查看邮箱就是邮递员的常规行为了。当然，所有这些事情都不止是由一个动作组成的。Foursquare 用户必须拿出移动设备，点击几个按钮，然后完成签到；超市员工拆封货箱，找出相同物品，把它们放上货架；邮递员则必须去库房，拿到一大堆需要分发的东西，把它们整理好，然后一家一家地送去。但实际上，我们所知的生活中的大多数常规行为（如刷牙），都是一些习惯成自然的动作。

然而，这其中就蕴藏着巨大的力量。一旦你对这样的行为习以为常，它就成了第二天性。作为一种习惯形成的微行为，常规行为形成了几乎所有游戏化系统的基础。我们需要掌握的，就是识别并突出常规行为，然后努力使它在游戏化的体验中得到最大化的利用，并产生最大化的效果。

建立有效的互动参与循环

每一个成功的消费类应用的背后，都有一个经过深思熟虑、精心设计的互动循环。尽管它看起来也许微不足道，但这个核心元素的设计和执行能决定一家公司的互动策略的成败。但是，究竟什么是互动参与循环？为什么它如此重要呢？

正如我们在本书中所阐述的，消费者的注意力越来越分散。如果你没有经常性地去努力引起他们的注意的话，毫无疑问，他们就会对你的产品或服务失去兴趣。具体来讲，你需要搞清楚推动消费者行为的原因，设计一种能把他们引向产品的方法，然后让他们做出一种社交行为，有助于激发他们不断回来。你可以借助"良性循环机制"来设想这个互动过程。图9—1是照片分享社交应用Instagram驱动用户参与和获取新用户的病毒式循环。

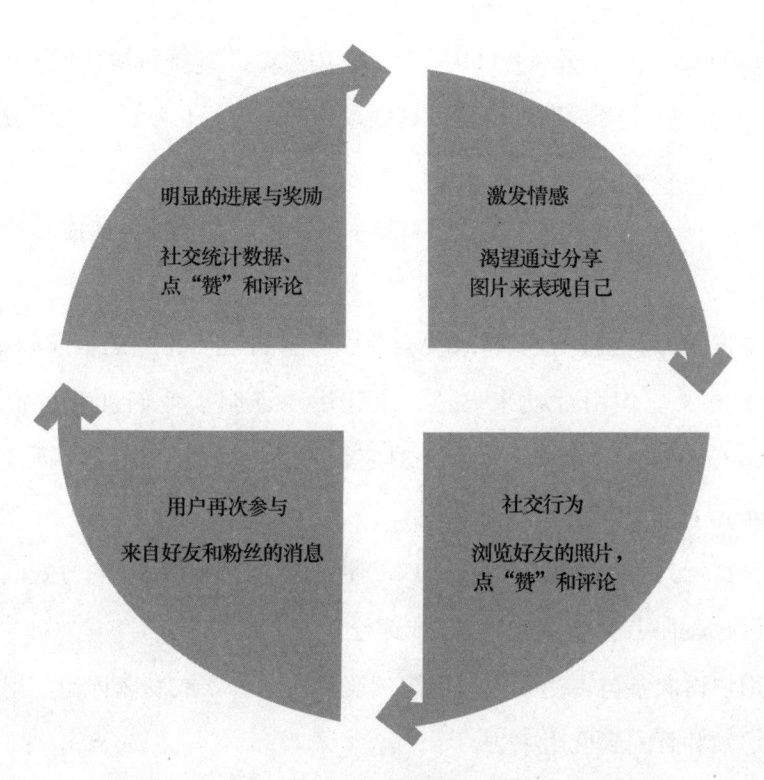

第 9 章
用游戏化吸引客户长期互动

```
            明显的进展与奖励        激发情感
            社交统计数据、        渴望通过分享
            点"赞"和评论         图片来表现自己

            用户再次参与         社交行为
            来自好友和粉丝的消息   浏览好友的照片，
                                点"赞"和评论
```

图 9—1　Instagram 驱动用户参与的病毒式循环图

　　这个循环由四个元素组成：激发情感；社交行为；用户再次参与；明显的进展与**奖励**。为了更好地了解它们是如何工作的，让我们来仔细研究一下 Instagram。Instagram 是一个非常成功的"病毒性"产品。该公司由麦克·克雷格和凯文·希斯特罗姆于 2010 年成立，总共吸引了 5 700 万美元的风险投资，并于 2012 年 4 月以 10 亿美元的价格出售给了 Facebook。该应用可以让用户轻松拍摄照片，并通过一系列的滤镜来修饰，然后通过 Facebook 和 Twitter 等社交网站与同样是 Instagram 用户**的**好友们分享。该公司天文数字般的售价主要源于其病毒式的成功：从 2010 年 10 月的首批 10 万个尝鲜用户开始，到 2012 年 7 月中旬，

Instagram已经拥有超过8 000万个活跃用户,并且每月增加近1 000万个新用户。以任何标准来衡量,这些数据都是相当可观的。他们究竟是怎么做到的?

Instagram内在的游戏化病毒循环,在很大程度就是其成功的主要原因。

激发情感。用户有欲望表现自我和分享自己所见到的很酷的事物,Instagram让他们用行动来表达。这让用户证明了他们拥有敏锐的眼光,富有幽默感和审美,而且是具有创造力的天才(通过炫耀自己对Instagram内置滤镜的用法来表现)。

社交行为。该系统旨在让用户很便捷地通过触摸滚动的方式浏览好友的照片,在上面点"赞"和/或评论。

用户再次参与。当别人对用户的照片表示喜欢或发表评论,用户会收到通知并且回到应用中去。

明显的进展与奖励。在每张照片上,用户可以看到全部的"赞"和评论,还有它们的统计数据。

Instagram病毒式循环值得关注的地方,就是它设计得非常严谨。当然,如果Instagram的用户体验缺乏吸引力,它是不可能取得现在如此巨大的成功的。但是,由于互动的过程被很好地融入了体验,用户通过一个创造和消费内容的持续循环被带回到应用当中,进而激发了他们与其他人沟通的内在需求。这对获取用户并留住他们是非常有好处的,并且有力地推动了他们开足马力不断创造内容。由此可见,内容是一个成功的游戏化策略的关键元素。

第 9 章
用游戏化吸引客户长期互动

> **梅丽莎·周的拥抱背心**
>
> 拥抱背心是麻省理工学院的学生梅丽莎·周（Melissa Chow）在参加该校媒体实验室的石井裕实体用户接口课程（Hiroshi Ishii's tangible user interface）期间设计的。当有人在 Facebook 上对你的状态点"赞"时，背心会自动充气。背心产生的"拥抱"象征着来自社交反馈形成的互动循环为用户带来的温暖感觉，把社交网络用户得到的"赞"和评论，从虚拟的形式变成实实在在的感受。虽然这个产品有意拓展疆界，但是在短期内不太可能成为真正的流行趋势。然而，其中隐喻很浅显：每个"赞"都是一个拥抱，只不过它没有真正的拥抱带来的挤压感。

保持内容的及时更新

对 OMGPOP 公司首席执行官丹·波特（Dan Porter）来说，有一点是非常重要的、也是他永远不会忽视的理念，那就是在卖东西给消费者的时候，要持续不断地制造大量吸引人的亮点。该公司于 2006 创建了 iminlikewithyou.com 网络，这是游戏化互动的先驱之一。OMGPOP 建立了一个基于游戏的、让用户们互相约会和调情的网站，最终演变成一个针对年轻人的游戏网站。尽管它拥有品种丰富的游戏和活跃繁荣的用户社区，直到在 iPhone 上推出了大获成功的游戏《你画我猜》（*Draw Something*）之后，OMGPOP 才开始受到外界关注——接到了 Zynga 打来的电话。2012 年初，Zynga 以 1.8 亿美元的价格收购了 OMGPOP。

《你画我猜》让玩家在 iPhone 或 iPad 上玩一个类似于画图猜词的游

戏，如图9—2所示。它是一个重量级的协作型社交游戏：一个玩家画出线索，另一个人则猜想图中画的是什么。你可以和一位好友一起玩，通过图画来描述一个短语或概念，而你的伙伴则要猜出你所画的意思。该应用一经发布之后，一飞冲天，迅速成为全世界各大游戏排行榜的首位，引起了全球性的轰动。《你画我猜》是OMGPOP厚积薄发的成果，此前他们用五年当中最好的时光来开发社交网络flash迷你游戏或大型视频游戏中的小游戏，借此积累了大量经验。

图9—2 《你画我猜》游戏界面

第 9 章
用游戏化吸引客户长期互动

在这个过程中,他们需要**提供**大量不同的、不断变化的游戏来驱动和维持用户的兴趣。一旦某个游戏过时了,失去了对用户的吸引力,就必须用一款新游戏来替代。和许多提供海量选择的游戏网站一样,OMGPOP 需要在用户对新游戏的需求和开发**成本**之间做出平衡。电视联播网为节目内容提供了长尾的营利方式,有的节目有时可以通过长年播出来赚钱。与电视节目不同,休闲游戏就几乎没有这种选择性。这自然压低了开发游戏的预算,限制了公司赚钱的能力。

为了以具有成本效益的方式保持内容及时更新,就必须找到一个能够让用户彼此之间产生有趣体验的方法。因此,OMGPOP 一遍又一遍地研究那些用户想玩的游戏,而《你画我猜》似乎就是理想的选择。游戏主要的持续投入,就是创造新线索给用户去画。可以想见,这是非常低廉和简单的投资。因为每个人画的都不一样,所以即使是同样的线索,也可以和不同的朋友反复玩。正是这种特殊的无穷尽和富有扩展性的互动,令 OMGPOP 一夜之间名利双收。

被 Zynga 收购后不久,《你画我猜》面临着与前文提到的网络游戏如《星球大战:旧共和国》及《魔兽世界》相同的命运。在初期非常成功地引发人们的议论和互动之后,《你画我猜》的使用率开始下降。虽然游戏做了许多富有活力的创新,但还是会被认为"不够新"——也就是说,OMGPOP 没能向玩家提供新型的互动。尽管画画的线索与用户的图片一直在增加,但游戏的核心玩法始终没有任何改变。不久,这些曾把《你画我猜》推向顶峰的关系紧密的社交用户们便开始失去了耐性,纷纷不再继续玩了——如果你的好友不玩了,你当然也会跟着不再玩了。

要谨记,能让用户每月、每周、每天、每个小时返回的关键因素是:不断有新颖的、奇妙的和有趣的活动与互动。仅仅有新奇的内容还不够,要仔细思考大多数互动系统——比如忠诚度**计划**,是怎样向用户推介新玩法的。

在2010年之前的几十年里,几乎所有的**忠诚度**计划平均每隔几年才做小幅度的调整。在过去的十年中,变化的步伐开始迅速加快。仅从2011年到2012年,美国有多达三分之一的旅行忠诚度计划做出了显著改变。这些变化包括:新的最高身份等级(喜达屋酒店集团);积分的获取方式;以及对超长期乘客的特殊嘉奖(美国联合航空公司)等。就拿美联航来说,该公司现在正式公开了300万和400万公里常飞乘客的一系列待遇,那在以前是被保密的——这反映了该计划的持久不衰。

以往,这些改变当中有许多是用来改善方案自身的营运经济性的。因为担心流失最好的客户和产生市场的紧张与混乱,公司极力避免对方案作出改变。而如今,变革的行动和变革本身同样重要。改变无疑会给用户和媒体带来一些话题,但同时也为用户的参与创造了新的和令人兴奋的**挑战**,使游戏常玩常新,永远不会过时。毫无疑问,和这些结构性的改变相关联的就是对推动具体行为的激励机制的转变。

运用有意义的激励机制

通过建立或保持有意义的激励和奖励,用户会更愿意来玩,并一直参与互动。在处理客户的长期参与和留存方面,没什么比这个更实在的了。典型的案例就是废物管理行业通过长期激励方案的设计,最终取得了成功的转型。

"再生银行"(RecycleBank)成立于2004年,融资超过8 000万美元,

第 9 章
用游戏化吸引客户长期互动

试图证明一个简单的理念：如果给予用户一个游戏化的激励机制，促进他们回收利用生活垃圾，垃圾回收率就会增加。从成立至今，该公司已协助超过 300 个社区及 300 万居民阻止了重达数亿吨的可回收物被填埋。

居民们获得的体验很简单：注册并获得一个带有特殊的射频识别（RFID）标签的垃圾桶。每个回收点都会对居民送来的垃圾桶称重，根据垃圾回收量，把一定数目的"再生币"（recycling bucks）存入居民的专属账户。这种虚拟货币，可以在"再生银行"的数千个营销合作伙伴那里兑换商品、折扣或进行慈善捐助。"再生银行"巧妙地把这些合作伙伴变成了其激励措施的物质基础。如图 9—3 所示，"再生银行"通过创新的 RFID 技术和品牌合作伙伴，为居民们提供了积分和奖励。

图 9—3 "再生银行"的页面

"再生银行"从中得到的经验是，持续的互动需要正确的激励，包括有形的奖励和对情感的激发。"再生银行"非常小心谨慎，力求确保合作伙伴和自己有共同的目标客户群：40岁出头或年纪更轻一些的妈妈们。通过持续更新可兑换的选择，系统一直保持着趣味性，有助于确保用户始终把主要行为（回收垃圾）作为最优先的事情。

"再生银行"的研究发现，除了折扣和免费商品，它的用户们正在寻求与他人联系和挑战自我的机会。该公司利用这个发现，确保奖励与用户的兴趣一致；通过"再生银行"体验，把妈妈们与她们的孩子们联系起来；或者，为了获得大家的肯定和景仰，在竞赛中挑战自我（以及她们的邻居们）。例如，"再生银行"运营了一款叫作《让你的家园生机盎然》（Green Your Home）的游戏，要求各个家庭减少他们的"生态足迹"，并必须通过提交照片来证明。这些照片被公开共享出来，供社区里的其他人点评。虽然游戏提供了推动大家参与的奖品，包括一次价值不菲的家居改造，但要变得比邻居"更环保"，才是人们获得满足感并使持续参与其中的因素。

除了有时候替代对现金型奖品的需求以外，物质的和虚拟的回报都是用来激发一种情感满足需要的。

将个人的成长和进步联系起来

"再生银行"取得成功的最重要的因素，是将人们对成为高手的渴望与进步的感觉很好地结合在了一起。换言之，该公司为用户提供了可达成的目标，有机会实现富有意义的进步。对于关心环境的人而言，"再生银行"给予了他们主人翁感，或是能够控制自己命运的感觉。"再生银行"通过数据形式可以快速反映用户的一个小小举动能从多大程度上影响世界，这有助于加深用户的感受。例如，"再生银行"会在其社区范围内分享：你、你的社区以及其他人回收了多少吨垃圾，使它们避免被填埋。"再生银行"还做了其他环保行动没能做到的事提供确凿的证据来表明行动的进展。这种做法的确很有效，已经帮助"再生银行"在某些司法管辖区轻而易举地达到了 90% 的垃圾回收率。

许多理论学家认为，感受到进步和尽在掌握中，是使游戏化体验有趣的核心，事实上也令生活充满乐趣。我们都渴望自己能够在生活中的不同领域都是高手达人，而让我们实现这一点的系统会被视为有趣或者特别有意义。此外，系统越是频繁地显示我们在通往目标的轨道上所取得的进步，就越有可能使我们能够坚持下去。

大多数游戏化的健身系统，如 Nike+ 对此就有特别好的理解。而且，他们有效地运用了实现驾驭的概念，通过追踪用户持续的健身成果来推动顾客的长期参与。

而另一个已经取得巨大影响的健身方案，就是 Zamzee，它对反馈和实现驾驭有着非同寻常的运用。

该公司由位于旧金山海湾地区的希望实验室（HopeLab）孵化，开发了一个小型加速器，可以夹戴在衣服上用来追踪用户全天的活动情况，计算用户行走的步数和距离。这些信息可以用在 Zamzee 游戏化的健身网站上，在一天结束的时候，只要将设备插入电脑就可以访问这些数据。你可以看到自己随着时间推移的运动情况，通过自己的行为赚取积分，兑换那些你中意的虚拟的和物质的奖品。你还可以和朋友们交流你的锻炼情况，查看所属社群的运动表现。如图9—4所示，Zamzee的运动仪追踪了孩子们的动作，让他们竞相查看他们锻炼的进度。

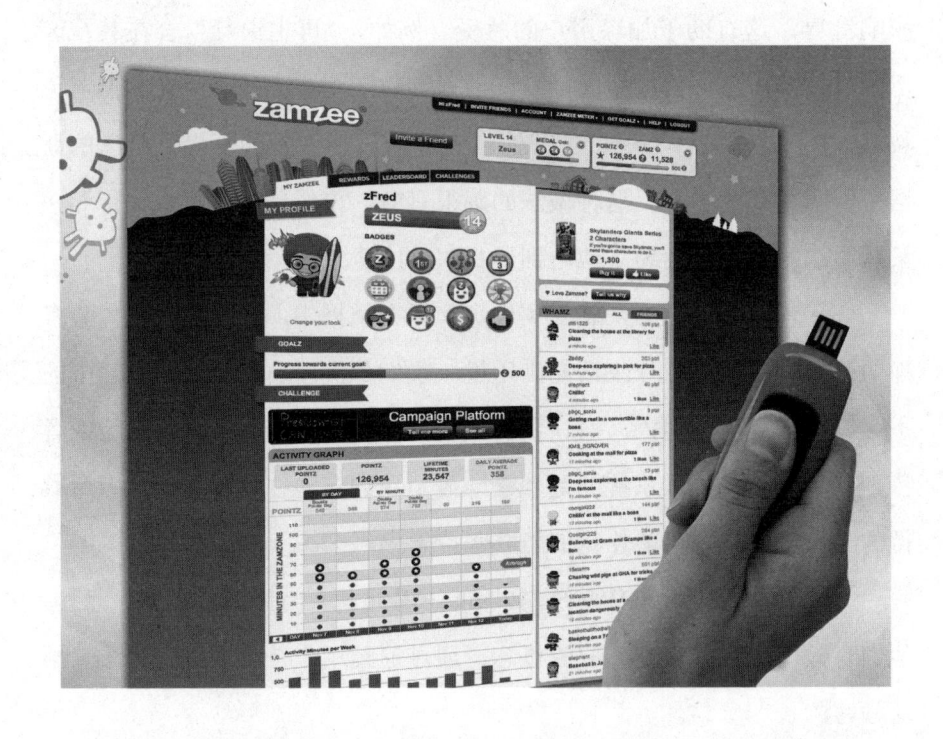

图9—4　Zamzee 游戏化的健身网站页面

Zamzee 关注长期互动的结果已经使一些人收益。该公司已经证明，用户使用该设备及其配套服务，每月增加的运动量相当于跑一个全程马拉松。该公司的研究指出，从长期来看，通过使用该服务，Zamzee 能够使在孩子当中进行体育锻炼的人数增长 59%。这个故事中更令人激动的是，Zamzee 所针对的用户人群正是处在较低的社会经济环境当中的儿童。据统计，这个人群患有糖尿病或其他由肥胖和体质较差引起的健康问题的风险最高。

最重要的是，随着孩子们对 Zamzee 系统的使用，通过使用曲线展示出来的信息，他们可以看到自己和朋友们的进步。这让他们真正体会到了自己每次都完成了些什么，而系统则通过身份、徽章和其他游戏机制提醒他们，自己取得了怎样的进展。

保持取得进步或逐渐实现驾驭的感觉，这对健身而言是很难实现的。问题在于，通常需要数周的时间，你的身体才会开始显示出由增加锻炼和减少体重带来的积极信号。因此，通过以"瞬间运动"（Zamzee 的主要指标）的形式向用户提供即时反馈，该系统可以比大自然更快地向用户提供积极的反馈。同样，对于任何可能需要用户排除万难、突破极限的游戏化策略而言，这里所阐述的互动模式是很重要的。Zamzee 平衡它们的方式会为你追求的更好的互动提供很好的参考价值。

不断创造学习的机会

实现驾驭的动力当中，另一个更具体的方面就是用户驱动的学习。在选择在线教育和拓展知识面的方式时，用户更倾向于寓教于乐的形式，而不是呆板的照本宣科。例如，他们希望既可以方便地在网上银行存钱，又能同时增加他们的金融知识。同样，受全球化及移民潮的推动，对语言（及多语言）教育的需求明显上升。随着越来越多的用户接触到新技术，他们会有意愿并且也需要学习无数新的技能。

过去，人们在使用一个新照相机之前，毫无例外地会先读一下整整数十页的说明书；而今天新的在线教育消费者则不同，他们连看一段三分钟指导视频的耐性都没有，他们需要的是立即尝试。与此同时，消费者们也需要学习基本概念、技术和理念，使他们能够在实现人生目标的过程中取得进步。在这个过程中，他们期望获得正面积极的鼓励。如果你的公司很希望做一些与教育相关的事情，这就更加重要了。

那么，你该如何与这些遍布各处的有教育需求的新客户对话呢？你可以像 Codecademy 一样，提供一个游戏化的学习系统来创造、维系和奖励用户的参与。Codecademy 是位于纽约市的初创企业，该公司的使命是帮助人们学习如何编写软件。Codecademy 网站的背后是美国一些最大的风险投资机构，具有雄厚的实力，在不到一年内向超过 100 万人传授了编程技术，成为历史上最大的科学、技术、工程及数学（简称STEM）教学计划之一。Codecademy 采用游戏化的原则，用徽章、积分和等级来推动用户学习。

尽管大多数软件开发语言都可以在网上找到，而且是完全免费的，但 Codecademy 的创始人认为，他们必须把学习编程的过程变得更有趣和更吸引人，才能够让用户实现他们的学习目标。于是，他们设计了一个系统，让用户从数十种编程语言里选择一门课程，一步一步学习如何编程。而且，任何人都可以在 Codecademy 发布课程，但不论是内容，还是可玩性，都必须遵循一定的规则。用户在整个学习过程中得到积极鼓励（主要是通过徽章），并接受定期评估（请注意，不是测验）以确认他们的学习情况。

Codecademy 的设计当中特别值得注意的地方是，无论是游戏化课程的创作者，还是从中获取知识的学习者，都是这个连续的、奖励参与的游戏环境中的一部分。特别是课程的创作者，他们可以根据学习课程的人数和学习情况的优劣获得积分。Codecademy 的系统鼓励精细化和新颖的教学，给予课程创作者充足的动力，为用户精心设计常规行为，保持常变常新，给予用户适当的奖励，明确进展，保持用户全程参与。

试想一下，如果所有的学习模式设计成教师与学生之间的一个紧密循环，将会如何？在我们一直以来所身处的学校环境中，对教师的判断，往往是某些老师很严格，而另一些比较宽松。但是，如果我们能够确确实实地看到教学结果，情况会有怎样的变化？再进一步讲，如果学生可以根据教师的表现来决定听谁的课，那又会怎样？Codecademy 所采取的正是这种动态的方式，并且已经在实践中结出硕果。

在另一些情况下，是由企业扮演着"老师"的角色。客户期望从品牌中获得知识、权利和进步。无论你销售的是发烧音响设备，还是提供财税相关服务，或者是公共教育，所有的客户都能够在与你接触的过程中学习和成长。你可以利用 Codecademy 的经验来吸引顾客，同时创造客户与员工之间的沟通桥梁。

你可以把内部员工的业绩与顾客的学习相联系，甚至可以将这种连接呈现给顾客。例如，假如你开办了一个金融机构，把顾客对金融知识的掌握情况作为公司的关键绩效指标。监测这个指标的变化，把顾客的进步作为公司战略的重要一环。此外，要有更多的**乐趣**：让顾客知道谁是他们的老师，让员工直接对客户学习的材料负责，让他们以小组的形式竞赛，看看谁准备得最充分，谁的教学成果最好。正如我们在第 2 章所讲的，员工普遍热爱有意义的、轻松愉快的竞争，其实客户也一样。如果能将这两个群体联系在一起，将会产生不可限量的收益。

帮助你的客户不断进步，支持他们的学习目标，将有助于培养长期的忠诚度和互动参与。忠诚不一定是纯粹的"无私"行为。运用游戏化的力量，如果做得恰到好处，客户忠诚本身就可以成为单独的利润中心。

将忠诚度转化为收益

如果你是今天在美国上空飞行的 170 万名乘客中的一位，关于飞行体验，你可能有过各种不同的感受和想法。但是，其中肯定没有："哇，这很有趣！"

航行旅程漫长，不新鲜的食物，昂贵的费用，狭小的空间，以及太过劳累而思想无法集中的乘务员，说真的，坐飞机不是一种享受。而在顺利升空之前，超过 25% 的航班还有可能被延误或取消。这些足以让民航业成为客户满意度最差的行业。但是，如果有一些办法能让航空公司挽回面子，它们会是什么呢？如果有一种可以得到更优质的服务、准点到达，且让你乐在其中的方式，它会是什么？也许你可以来一局只赢不输的游戏。此外，如果那个游戏能让你和航空公司得到几乎等同的好处，你怎么想？

如果你已经知道了这个游戏怎么玩，你可能就是一位"空中飞人"。如果你在常飞乘客当中，是顶端的那 1%，也就是所谓的"精英"，那你给航空公司带来了高达 25% 的收入。你的忠诚度的存在对航空公司而言是相当重要的，而航空公司与你建立和保持互动的方法之一，就是使

第 9 章
用游戏化吸引客户长期互动

"旅行游戏"充满乐趣、多元化,并且是"能赢"的。

2008 年,在传统民航公司当中,美国航空公司是最早向乘客收取行李费的公司之一。当时,该公司 AAdvantage 忠诚度计划通过各种方式回馈其 8 000 万用户,取得了广泛的成功。突然有一天,一个新的奖励被摆到乘客面前:每年只要累计一定数量的飞行里程数,你就不必再为行李支付额外的费用。在 2010 年之前,一名普通乘客需要为一点零食、一床毯子和一个枕头付费,这曾经被认为是理所当然的。但是,乘客得到的,不是最好的飞行体验。而在那之后,乘客们不断地免费得到这些服务,并且还远不止这些。每一年,美国航空公司等民航企业一直在调整他们的方案,有的获得了赞美,有的却遭到了批评。不管怎样,调整的目标就是最大限度地提升乐趣和收入。

对于乘客来说,要么玩,要么被玩。对于航空公司来说,这是一个关乎生死命运的游戏。自 2001 年起的十年间,美国航空公司已经损失了数百亿美元。到了 2012 年,该公司公布了创纪录的利润。能实现这个成果,很大程度上是由于在当时的忠诚度计划中平衡了痛苦和快乐。2001 年之前,忠诚度计划完全是与快乐有关的,为乘客的良好行为提供持续不断的奖励,例如,里程、升级、免费航班和极为周到的服务,但这样的忠诚度计划已经变得停滞不前,止步于此了。而在油价高企和全球经济危机的大背景之下,航空公司必须从根本上重新思考他们的方法。总之,他们需要重新平衡这个游戏。

航空公司们面对挑战,迎难而上,他们的努力取得了令人惊讶的成果。通过在票价中额外增加行李费、优先办理登机的手续费以及选座费等附加费,全球航空公司在 2011 年就收入了 226 亿美元。这个数字与

2009 年的 130 亿美元的运输费相比，几乎是它的一倍。而且，对于同一时期全球航空公司勉强达到的 6 000 亿美元收入而言，这个数字是所占的百分比算是健康合理的。虽然这些补充费用在航空公司的销售额当中只占 4%，但基本上就是这个行业的利润来源。2011 年，全球航空公司的净收入只有 69 亿美元——利润率差不多仅为 1%。美国的航空公司最初对这种模式很抵触，然而现在已经成为最热心的支持者。美国最大的航空公司——美国联合航空公司从附加费中获得了 50 亿美元的收入，而达美航空公司则宣布了一个计划，要在 2014 年将其附加费收入从 10 亿美元增加到 35 亿美元。

显然，这些费用创造的收入已经帮助航空公司把自己从悬崖边抓了回来，并不可否认地成为他们核心业务中价值丰厚的一部分。与此同时，他们为最忠实的乘客提供费用减免，用这种方式来加强乘客们的忠诚度。由此，航空公司凭空创造了一个新的冲突点，然后他们消除了额外费用对最有价值的乘客的冲击。

这一变化重新调整了忠诚度计划的平衡，赋予了游戏新的挑战和动力，也让航空公司们解决了只有"精英"乘客才能获得免费机票及升级的议论。毕竟，较低层的乘客现在得到了许多以前没有的好处（免费的袋子！更好的座位），所以，兑换机票就显得不那么重要了。这也让航空公司在不降低顶级客户价值的前提下，通过经常给予其他等级的乘客一些促销活动或信用卡，以扩大参与其忠诚度计划的人群。如今，像美国联合航空这样的航空公司已经拥有了超过 1 亿常飞乘客，而且这个数字仍在继续增长。

与此同时，客户忠诚度计划一直在加大对利用网络游戏来推动忠诚的关注，通过混合有形和无形的回报，努力以更低的成本来提升互动。美联航的 Optathlon 就是这样一个掀起浪潮的游戏。

美联航的 50 亿美元附加费收入当中，有一个利润丰厚的部分，就来自向乘客销售"升级"。美联航的研究显示，不管怎样，除非乘客已经有过坐头等舱旅行的体验，否则不可能自掏腰包，拿出 99 美元至 600 美元来升级。同样，其他的升级需要（加急办理、俱乐部权利等）只有在大家见识过之后，才能让人们感兴趣。因此，航空公司需要用一种方式使用户去体验公司的高端产品，而不只是直接给他们，于是美国联合航空公司转而向游戏化求助。

Optathlon 是一系列可以在网页上或移动设备上玩的小游戏，包括《腿部空间传奇》《排队跳跃英雄》《里程精英》等五个游戏，每个游戏展示一个高端产品。用户可以通过玩游戏来了解这些产品，然后带着游戏去机场。在有奖活动期间，乘客在机场玩 Optathlon，能够快速解锁一个升级，或参加提供价值 20 000 美元奖品的抽奖。

几个月后，游戏的火爆程度超出了所有人的预想。超过 100 万人在网上玩这些游戏，有 85 000 个即时升级在机场被送出。这件事随着无数新闻媒体对游戏的报道，也使美联航及其"前程万里"计划（Mileage Plus）得到了大量曝光，这恰恰是这家公司最需要的。然而，在抽奖活动结束后，发生了最令人振奋的事情——在有奖活动结束后的 12 个月里，有超过 400 万的**新增**用户玩了 Optathlon 游戏，这说明游戏的乐趣不仅来自有望得奖，同样也源于这种互动体验本身。

随着计划的成熟和完善，它们也越来越多地受到审视和推敲。从政府到媒体，抓着这些计划当中一些浅显的细节反复纠结——兑换、费用等。然而，表面之下正在发生的事情才更有意思。常飞顾客计划带来了高额的利润，甚至是在航线本身正在快速亏损的时候也是如此。

其中的原因就是里程的销售。客户每次在酒店住宿、租赁汽车或贷款融资使用信用卡，都能赚到一个飞行里程，发放这些里程的公司已经为此向航空公司支付了费用。虽然采购里程的价格是不公开的，但他们以 0.01 美元（加上美国政府的每公里 4.7% 的消费税）的价格购买走了大量里程已成了不争的事实，像大通银行、美国运通、花旗银行这些主要的信用卡发行单位，每年购买和发行达数百亿公里，仅这一项就为美国航空公司的 AAdvantage 计划带来了至少 10 亿美元的收入。

客户使用这些里程用来换取免费机票或其他优惠，比如，大幅度的折扣（如杂志订阅或酒店住宿）。还有几十亿之多的里程，实际上每年到期后都被作为"损耗"处理。在过去的十年中，通过急剧增加里程销售的数量，并同时提升折扣的幅度，航空公司可以从每一公里的价值中套利，并产生了巨大的利润。

这是经典的虚拟经济设计，几乎相同的概念也推动着像《开心农场》这样的大型社交游戏。随着常飞顾客计划和这类游戏的发展，它们之间相互学习，提高各自的设计。在大规模的忠诚度计划当中，因为游戏的存在，使企业能够出售虚拟货币（里程，积分，信用，金币等）。这就提供了一个独立的收入来源，使忠诚度成了一个利润中心，并且本质上具有了产品化的可能。

游戏化贯穿于整个计划以推动更多的使用，提升互动和参与。但就像之前所阐述的，游戏是成功的忠诚度计划的关键核心。在未来十年，将会发生虚拟货币的重大合并与激烈争夺。就像全球货币市场，几乎每

第 9 章
用游戏化吸引客户长期互动

个国家都有它自己的法定货币，对于游戏化的忠诚度计划的提供者而言，也是如此。但是，当越来越多的公司发现这个方法可以驱动互动和参与并且带来收入，就会出现更多的虚拟货币，种类之多，用户将无法掌控。

而先进的虚拟钱包系统将帮助消费者把这一切打理得井井有条，不过，对于高质量的虚拟货币，将会提出可兑换的需求，就如同今天的美元、欧元、日元、英镑和瑞士法郎这些名义上的全球性货币，对未来的客户而言，可兑换也会使少数虚拟货币变得很重要。不管是哪一家的数字化积分系统会成为标准，都将具有巨大的力量，就像国家和政府那样，虚拟货币的升值或贬值都将影响到这个生态系统中的每一个人。

在这个全新的为了客户而进行的游戏化的竞赛当中，每个企业都有可能称霸一方，成为虚拟世界中的津巴布韦、美国或者瑞士，你会选择谁呢？

持续的互动是复杂的，并且充满着让人分心的各种干扰。一旦你的企业接受游戏化，并开始在整个消费者体验当中推动互动和参与，你必须选择长期坚持，以保持势头。通过使用本章中阐述的策略，你的公司能够加入到世界级互动策略开创者的行列当中，来塑造**消费者**的行为。

在你维系客户互动和参与的过程中，可以利用游戏化来推动创新，用众包手段来提供支持。当你和消费者以新的方式加深关系之后，这种被高度利用的商业策略可以帮助你把游戏化变成创造力和盈利能力的发动机。这是一个极好的机会，无论哪个行业的企业都不能错过。

THE GAMIFICATION REVOLUTION

第 10 章
众包创新

用众包和群体工作来改变智力资本的经济价值，是一股不可阻挡的力量。企业意识到他们可以切合实际地利用群体来解决客户服务问题、推动创新、把工作落到实处，还能设计和制造新的产品，有无尽的可能性。而所有这些的核心都是游戏化在起作用。

THE
GAMIFICATION
REVOLUTION

游戏化革命：未来商业模式的驱动力

对致力于征服艾滋病的科学家们而言，过去的三十年里，对这种疾病的探索充满了失败，进展缓慢得，令人抓狂。付诸治疗艾滋病的努力，部分揭示了艾滋病毒本身，特别是理解它是如何复制并在宿主体内扩散的。因此，研究人员关注的焦点已经瞄准了蛋白质——即组成细胞的重要物质。艾滋病病毒当中的蛋白质，和健康细胞中的蛋白质一样发挥其基本功能，如提供营养，调节关键化学物，并触发复制。在这个层面上，研究人员希望开发出治疗的方法，能够瞄准和攻击病毒，使其停止复制。科学家们也相信，类似的方法可以用来治愈癌症和阿兹海默症，这两种疾病都被认为是由DNA中有问题的蛋白质造成的。

然而，这些可能性很大的治疗方法多半面临着一个重要的而且是几乎无法逾越的障碍：无法用立体显微镜看到蛋白质结构。虽然所有的蛋白质都是由氨基酸组成，但每一个都具有不同的形状。而且，由于蛋白质和其他细胞成分的相互作用就好像钥匙和锁一样，都是一一对应的，因此，要设计治疗的方法，我们就需要清楚地了解它们的结构。

我们通过折叠（Folding）来解决这个问题——这是在三维空间中让所有的氨基酸以正确的形状组装在一起的最有效的方法。与用数以百万计可能的组合拼装一个很复杂的三维拼图不同，折叠的最终结果看上去并不是一个正方形或立方体。

可以用软件来做这项重要的工作，但需要有海量的计算能力才有用。另一方面，人类具有一种直观的能力，就是能够在视觉空间中看到拼图并迅速知道该如何把它们装配在一起。作为设计出用于计算蛋白质折叠的软件方案的开发者，华盛顿大学的罗塞塔（Rosetta）在进行某个模拟实验时注意到了这一点。他发现，当研究人员比计算机更快地解决了折叠问题时，这些人会对所使用的软件感到失望。由此可以看到，研究人员能够很容易地注意到软件漏掉的模型。

于是，他们看到了一个显而易见的问题：如果人们做得比软件更好，又该如何让大家来参与这项工作？由此，一个游戏化的体验 Foldit 诞生了，指导所有人如何像专家一样折叠蛋白质，运用人们与生俱来的能力观察三维模型并找到对称性。如图 10—1 所示，这张来自 Foldit 的图片清楚地显示了如何将人类直觉用于三维空间建模，以折叠蛋白质。这个游戏通过一系列实践教程关卡解释了碱性氨基酸，将它们组装在一起的方式，以及蛋白质的结构元素。之后，玩家可以单独和来自世界各地的团队一起工作，运用这种新的能力来建模、测试，并和科学家们分享自己对蛋白质结构的假设。随着多种蛋白质复杂性的增加，就需要更多的时间来解决这一难题——有时候，需要投入工作的工时数以千万计。

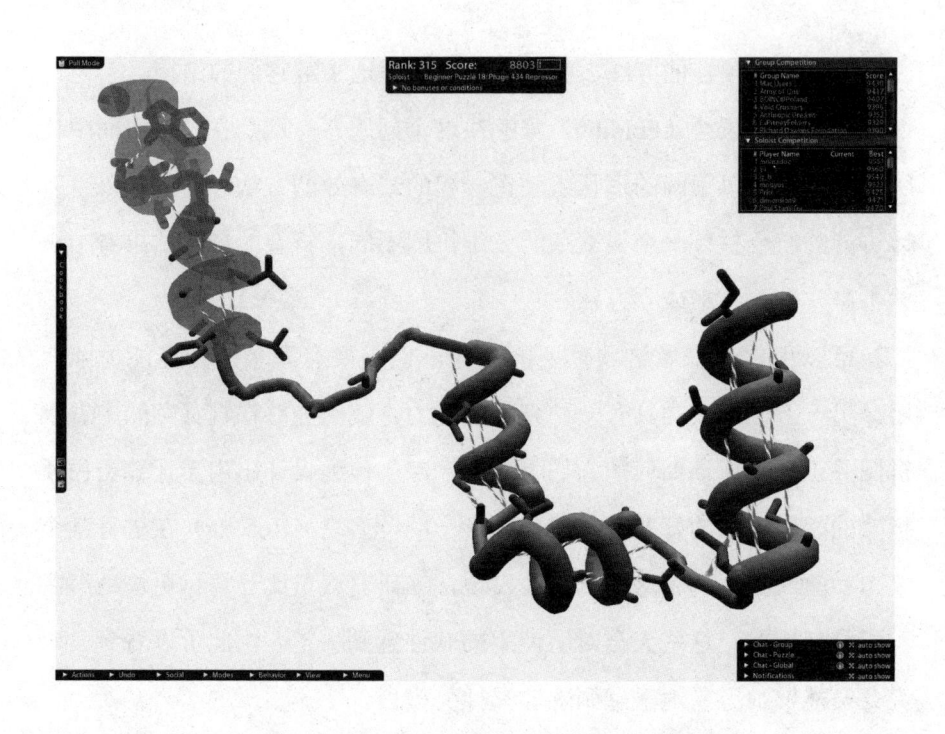

图 10—1　Foldit 游戏折叠蛋白质的 3D 效果图

　　这就是 Foldit 令世人瞩目的重大突破。2011 年，有 49 000 人投入到一种与抗击艾滋病毒相关的关键性蛋白质结构的研究中。此前，科学家们已经花了整整 15 年时间试图解码这种酶，但都无功而返。然而，现在只用了 10 天，Foldit 的玩家就攻克了难题——找出这种蛋白质的结构，为科学界带来了接近找到治愈艾滋病方法的重要进展。从达喀尔到莫斯科，整个互联网为之沸腾。

　　无论对于艾滋病研究界，还是整个世界，这一突破的意义是非常重大的。Foldit 表明，人们愿意为一个共同的目标而携手合作，并运用他们共同的计算能力来解决实际问题。更重要的是，Foldit 也证明了，不需要为了让人们参与进来而降低问题的难度：近 50% 参与游戏的问题解决者都没有正规的数学或科学教育背景。

那么，是什么让 Foldit 成功地从群体当中获得了无偿的复杂劳动呢？值得注意的是，玩家们获得了一个解决重大问题的机会，运用正确的工具，并且还有大量的合作者。但是，被优化的游戏化元素才是 Foldit 真正的成功之道。例如，游戏中通过得分告诉玩家，他及其团队以及整个世界正在取得怎样的进展。因此，玩家就可以很容易地看到自己的所作所为所产生的影响。游戏中还有徽章，当玩家在各种挑战中学习和工作的时候，给予他积极鼓励。并且，为了推动表现，游戏还设置了排行榜形式的竞赛，使大家以团队或个人为单位与其他人比赛。

除了发现蛋白质的结构外，Foldit 可能还有另一种更具价值的作用。通过群体的力量，它也许能被用来从头设计新的蛋白质，用于创造新的药物、基因疗法，或其他重要的医学应用。虽然艾滋病毒和艾滋病是显而易见的契机，但世界上还存在着数量惊人的具有相同复杂性的类似问题，都不是通过计算机就能够轻易解决的。有些甚至还超出了科学的范畴。

Foldit 是所谓的"群体工作"（crowdworking），或者更概括地说，是"众包"（Crowdsourcing）的一个成功案例。这一策略在近年来已经得到爆炸式的普及，企业纷纷利用普通大众从事所有的工作，从标志设计到产品设计，从复杂的解决方案到共享的支持与问答。尽管这不是一个全新的理念，但社交媒体技术的快速发展使众包成为一种流行的做法——即使是有着几乎无限资源的大型企业也不例外。这无疑推动了众包成为一个价值数十亿美元、本身具有深远影响的产业。

众包运动的幕后英雄就是游戏化。毕竟，正是游戏的动力——奖励、积分、排行榜、赢家等，使众包的魅力变得难以抗拒。与众包项目本身相比，构建一个成功的众包体验过程往往更需要游戏化设计。虽然不绝对是，但确实如此，尤其是在没有足够的资源来支付所有的劳动力成本的情况下。

在大多数的众包服务当中，我们不向失败者的工作支付报酬——除了优胜者。正如拿破仑在他的食物保鲜大奖赛中所做的，我们能看到各种各样的想法，但就像只能雇用一个人一样，我们只为有用的想法支付报酬。成败之间的裁判，取决于游戏是如何设计的。从本质上说，作为对"玩家"投入的时间的补偿，你给予"玩家"获得荣耀和声名远播的机会，或者可能只是社交分享和乐趣。虽然从表面看起来，这像是单纯的"心理报酬"，但Foldit能通过向玩家提供归属感、做出重要贡献的机会、社交和乐趣，以获取数以百万计的免费工时。其实，大多数精巧的游戏化众包系统也是如此。

在本章中，我们将透过游戏化如何实现或提供以下结果，看到利用群体力量的一些不同方法：

> 改变行为；
> 降低成本，提高质量；
> 激发创新和思维；
> 启发新产品开发。

改变行为

那些为Foldit做出贡献的人们，看到了科学的进步从全人类的财富最终变成了他们个人的价值。这种价值源自每位贡献者的行为所取得的成功，这也是人们选择在这里玩的动因，而游戏化元素则是把他们留在（和回到）游戏中的因素。

一个被广泛接受的众包榜样就是全球第六大最流行的网站——维基百科。这个在线百科全书以多语言和全球性协作的信息收集为特色，被超过3.5亿人经常使用。目前，它已发展为包含了由多达10万名志愿者撰写和编辑的超过2 300万篇不同的文章和条目。当查看这些文章时，在285种不同语言的页面当中，会根据你正在看的是哪一种语言，可立即显示相应的编辑内容，哪怕是错误的。自维基百科2001年推出以来，已经迅速取代了传统百科全书，成了人们做调查研究时的首选资源。

在维基百科成功的背后，却有一个迫在眉睫的危机：随着网站的不断壮大和成熟，用户增加的速度却急剧下降。在过去，该网站每月增加多达10 000名新编辑，近年来这些数字已经减少了近一半。长此以往，将会剩下一小群人来支撑这个世界上最大的信息资源的建设，这是难以想象的，有可能导致信息的不准确、信息量的萎缩以及网站使用率的永久性下降。

这一切都是因为维基百科没有做好游戏化。众包平台TRADA的创始人尼尔·罗伯逊（Neil Robertson）定义了七种驱动众包行为的动力，它包括：现金、积分、排行榜、徽章、荣誉、社区与合作。而维基百科利用的只有其中的社区与合作，把其他驱动力抛掷脑后。如果维基百科引入了更多的游戏机制，它就能够创造更可持续的用户兴趣，并能吸引更多的人来参与编辑。

在理想世界中，每个人都会为维基百科做出贡献。维基百科的创始人曾设想，借助人们对分享其学识的基本欲望，建立一种公共资源来服务于全世界对知识的需求。然而今天，这种对知识的掌控集中在少数编辑手中。不难想象，不断地筹款使维基百科从非营利网站变为半公益半商业的平台。然而，通过引入游戏机制，该网站应该能够引起重大的行为改变：让人们用他们的知识交换一种能够收获乐趣和赞誉的体验。

让人们根深蒂固的行为发生重大转变，听上去很难，其实并不尽然。改变越难以实现，采用游戏化所产生的效果就越好。我们不妨以超速行驶为例。

自从 1861 年英格兰挂出它的第一个限速标志——每小时 16 公里，世界各地的驾驶者们都被政府"鼓励"要保持一个安全的行车速度。可能也就是在 1861 年，出现了第一位超速的驾驶者。从那时起，交通参与者和立法者就在道路上开始了一场较量，大量的人力投入和技术进步（例如，雷达和测速摄像头）促进执法力度（以及国家的收入）的不断提升。随着汽车速度变得越来越快，也加快了限速措施的步伐。

有趣的是，限速似乎对人们行为的影响并不大。在现实研究中，如果把发达国家对车速的限制统一起来，驾驶者的最低车速会是多少——如果限速确实有效的话。例如，在英国的一次测试中，当车速限制从每小时 96 公里降低至 64 公里，驾驶者每小时的平均车速仅下降了 6.4 公里。在美国的 22 个州当中，车速限制以每小时 8 至 24 公里的增量降低，但是驾驶者们的车速并没有随之降低。实际上，全国驾驶员协会通过对全美 227 个具体地点的调查发现，车速限制和罚款威胁在这些地方并没有起到明显的作用。

对于先进的监测技术和日益加重的罚款所带来的警示，驾驶者们表现出的态度似乎是无动于衷。所以，超速已经成为一个根深蒂固、积重难返的行为。虽然人们都清楚如果遭遇交通事故或被警察逮到，他们可能面临的潜在风险和处罚，但大多数驾驶者自欺欺人地相信自己的开车水平比周围其他人更高明，或更擅长躲避监测。面对驾驶者们的置若罔闻，虽然不愿用耗费大量资金来使道路更加安全，但官方别无选择，只能纠缠于这无休止的猫鼠游戏当中。

现在，一个基于游戏化原则的新型解决方案出现了，颠覆了人们对于如何解决超速顽疾的思路。"电子眼彩票"做到了任何人都认为是不可能的事情：用某种驾驶者们真心喜欢的方式降低了车速。

2010年，大众汽车推出了名为"乐趣理论"（Fun Theory）的游戏化广告活动，旨在鼓励玩家为一些世界性的难题找出游戏化的解决方案。备受推崇的游戏设计师和制作人凯文·理查森（Kevin Richardson）提出了"电子眼彩票"。这个设计是众多获奖方案之一，利用了设置在瑞典最大城市斯德哥尔摩各处的现成的电子眼。这些摄像头经过改造，带来了一种全新的互动，会改变我们对超速问题的思考方式。

原理很简单：在斯德哥尔摩最繁忙的十字路口，驾驶者们的车速和车牌会被一个特别的摄像头记录。超速的人会被罚款，这些罚金被汇集到一个奖金池当中。那些以低于限速的车速驾驶的人，可以参加彩票开奖，赢取奖金池中的钱。当他们每次按限速规定经过摄像头，就会收到一张彩票（每天都有限额）。在测试期间，"电子眼彩票"显示平均车速下降了22%。通过把刺激机制从以强调惩罚为主转变成以奖励为基础，或者说从法律规定变成了游戏规则，"电子眼彩票"在3天内实现了150年的驾驶规则未能做到的事情，并且让人们乐在其中。

除了充分改变行为的重要价值，驾驶者们对于"电子眼彩票"的反应还能作为研究激励消费者行为的一个有趣案例。在消费者生活的许多方面，从政府到商业性的互动，好的行为只能得到微不足道的回报，而不好的行为则会带来大量惩罚——实际上，一些简单的、不容改变的概念，如信用卡延时还款处罚、产品退货的有效期，或者某些电视节目的观看限制等就是如此。在几乎所有的情况下，惩罚都是为了满足重要的商业目的，但是商家并没有为消费者们提供积极的替代选择。人们唯一能做的，就是逃避责罚。

用积极的方式给予人们的回报越多，例如，祝贺客户连续六个月准时付清信用卡账单，那他们对自己，或是对潜在的产品或服务的感觉就会越好。这也将为吸引他们参与到从客户服务到反馈交流的其他活动中做好准备。在当今竞争激烈的商业环境下，这一点尤其显得日益重要。如果给予适当的刺激、回报和乐趣，那么顾客们将愿意为你所用，与你共进退。

来自客户服务和社群的挑战

想要建设一个优秀的、充满活力和具有协作精神的社群是一个挑战，即使你有大量资源可任意支配也并无区别。然而，如果你的公司是一家初创企业，目标受众是一群个性独立和清高的软件开发者，那你所面临的挑战就更加艰巨了。另外，如果你的目标是希望能够让其中的精英分子参与，那这个难度就几乎是高不可攀了。

本书第 2 章对 Stack Overflow 和 Stack Exchange 的案例研究中，我们曾谈及这个话题。回顾一下：该公司成立于 2008 年，是一个开发人员能够帮助他人解决问题的在线社区，这是创始人杰夫·阿特伍德的心血结晶。在研究过雅虎知识堂等大型问答网站之后，阿特伍德发现，如果一个系统被设计成不惜以任何代价刺激互动，可能会产生大量多余且毫无用处的内容。这是雅虎知识堂这个拥有超过 2 亿用户的问答网站在其全盛时期遇到的最大问题。虽然这种做法在今天不值一提，但当时雅虎知识堂曾把学者、政治家、作家和优秀的思想家拉来作为它的用户。

图 10—2 中的 Stack Overflow 是一个面向软件开发人员的协作问答环境，通过大量使用游戏化的荣誉来推动用户表现。

图 10—2　Stack Overflow 的协作问答页面

在视频游戏堆里成长起来的阿特伍德，坚守着一个纯粹的真理，并以此作为指导，设计他现在这个如日中天的平台："荣誉来自你和合作伙伴，而不是来自系统。"

阿特伍德明白，在问答社区当中，可以说在任何互助环境中，这种动力对如何改变和衡量充分的个体参与起着决定性的作用。于是，他以一个主要受网友行为影响的声望系统为核心设计了 Stack Overflow。也就是说，其他用户的投票决定了你的声望，并通过等级和积分来表示。比方说，在你获得别人的投票之前，你根本不能在网站上对任何事情投票。网站主要以虚拟点数系统（即声望值，被通俗地称为"声望"）来跟踪投票数，当用户达成特殊成就时，系统会奖励给用户徽章。其中的一些徽章（有数字化的，也有实体的）非常罕见，以至于在用户论坛上充斥着各种有关如何取得它们的传说和故事。

虽然这个设计本身就很有趣，但真正使 Stack Overflow 如此出色的原因，是使用这个系统的用户，以及他们用它所做的事情。网站上 100 万左右的开发者在各自的领域当中都是顶尖高手。他们凭借自己的技术专长，在线下有时候能赚上几百甚至上万美元，但他们在网上却免费帮助别人解决具体的技术难题。在这个环境中，他们不收钱，Stack Overflow 也丝毫没想过要以任何形式的现金来奖励他们。前提就是网友们能在互相帮助过程中建立声望。这给了参与者们一场在现实人生中的胜利，一次在全新的地位系统中不断提升（和"获胜"，如果他们愿意的话）的体验，以及回馈他人的机会。换句话说，对参与者而言，这里蕴涵着有许多情感价值。

通过游戏的作用，使这个网站成为专业知识的聚集地，并通过销售广告和其他服务来实现盈利。从某种意义上来说，群体的工作形成了促进货币化的资产。因为对品质的重视，该网站的流量已经成功地达到与雅虎或Quora（另一个问答网站）比肩的水平。该公司完成了1 800万美元的融资，这笔资金将帮助Stack Overflow实现其愿景。并且，该公司还把Stack Overflow的整个游戏化系统的设计加入到一种新的在线服务——Stack Exchange当中。这个新产品被用于建立模式相同的各种垂直社区，最近的统计已超过85个。

虽然通过游戏化使一个公司或行业发生改变的例子有很多，但很少能像Kickstarter那样产生文化上的影响或商业上的冲击。Kickstarter创建于2009年，其使命是为艺术和商业项目进行民主化募资，而今，Kickstarter已经成了众筹之王。今天，任何人只要有一个优秀的产品、电影、游戏、书籍或其他创意，就可以创建一段介绍，嵌入视频，把它放到Kickstarter上募集资金。在那里，有数以百万计来自世界各地的人们查看、评论、分享和投资各种项目。截至2012年第四季度，该网站已帮助72 000个项目筹集到了超过3.7亿美元资金，其中有13个富有个性的创意筹得的资金达到100万美元或以上。

使Kickstarter大放异彩的关键因素是对优秀创意的曝光和把这些概念社会化的巨大作用。在吸引投资者和创意项目涌向平台方面，游戏化扮演了很重要的角色。举例来说，Kickstarter采用全有或全无的机制（all—or—nothing）：如果项目在最后期限内没有筹集到所需的最低金额，就无法得到任何资助。这个机制能向已出资的投资者保证该项目至少能够启动。此外，该网站用排行榜来公示每个项目的主要信息（已筹集到的资金、时限以及资助者数量等），让所有人看到每个项目是如何脱颖而出的。

真正让Kickstarter不同凡响的，其实是它的奖励机制。由于美国法律限制私人公司的股权销售，所以 Kickstarter 的项目不能提供股票以换取投资。因此，网站强制要求项目发起者为投资者寻找替代性"回报"，此举巧妙地展现了身份、权利和能力等非货币利益对用户行为的推动作用。通常，投资者会根据他们所提的金额被划分为若干级别，不同的投资级别获得不同的回报。

以查理·考夫曼（Charlie Kaufman）在 Kickstarter 上的《异常现象》（Anomalisa）电影项目为例，这个项目筹得了 40.6 万美元（是其 20 万美元目标的一倍），是该网站上最成功的项目之一。考夫曼是《成为约翰·马尔科维奇》（Beijing John Malkovich）、《改编剧本》（Adaptation）和《美丽心灵的永恒阳光》（Eternal Sumshine of the Spotless Mind）等知名电影作品的编剧，他把一个自己非常喜欢的定格动画项目拿到 Kickstarter 上筹集资金。在 5 770 名支持者当中，资助 5 美元或以上的贡献者获得了影片 Facebook 主页上的一句"谢谢"，资助 20 美元或以上的贡献者（有 2 297 位投资者）得到了一个该影片的数字下载权限，300 美元或以上的贡献者得到了一件签名连帽衫。投资超过 2 500 美元，你就可以在与制片人进行 Skype 聊天或一起饮酒作乐之间选择其一。如果投资了 1 万美元，你除了会获得以上所有的回报外，还能以执行制片人的身份出现在电影当中——这个级别有五个参与名额（几乎瞬间就被销售一空）。

值得注意的是，没有任何一个级别的回报是提供"积分"，或从影片的商业成功当中分一杯羹。虽然部分奖励会产生可以用美元计算的金钱成本（比如，购买和运输几百套连帽衫的费用）或时间成本（比如，可能不得不花一个晚上的时间和某个极度无趣的人聊天对饮），但没有一分钱的费用是来自利润分成。从出资者的角度来看，项目提供的很多好处都是罕见且有意义的（比如电影的一个签名 DVD 套装），与从分享收入得到的现金相比，这些东西对于铁杆粉丝来讲更有价值。仅仅是一个参加查理·考夫曼电影项目的机会，就足以让一些重要投资者行动起来。从广告宣传的角度来看，5 770 人的情感投资也意味着在影片最终上映时已经拥有了一批固定的观众。

Kickstarter 的成功巧妙地说明了有关游戏化和众包的一个要点：如果提供了正确的反馈、好友和乐趣，就能使人们共同创造非凡的事迹，且往往经济实惠得不可思议。你无须提供现金回报，只要人们从他们的参与当中得到正确的心理效益（声望、联系、贡献）。只有在创新和创意当中，这种不可思议的作用才会清楚地显现出来。

启发创新和创意

除了科学发现和社区建设，当把群体力量用于创新和产生创意时，游戏化也可以是一个关键的策略。正如迄今为止我们分享过的大多数案例，在使游戏化模式有效运作的过程中，认可（或身份）起着至关重要的作用。

InnoCentive（创新中心）公司成立于 2001 年，致力于促进对大挑战的运用，以解决生命科学、工程及更多领域的问题，是一家对如何利用认识有一定经验的公司。今天，在 InnoCentive 公司的网络当中有超过 17 万名来自各个行业的专家，通过完成金额从 1 万到 100 万美元不等的有奖挑战来帮助不同规模的企业推动创新。

InnoCentive的模式是建立在被用于解决食品保鲜、横跨大西洋以及商业太空飞行问题的同类大挑战上。实际上，它是一个简单多数制（first—past—the—post）的竞赛，用一个大奖来奖励一名获胜者以表示对他或她的成功的认可。但是，在大多数大挑战当中，存在着一个有趣的现象，InnoCentive也不例外，那就是：奖品的价值与人们所付出的努力相比，往往不相匹配。

让我们通过一个典型的InnoCentive挑战来了解这种行为。2012年，著名的克利夫兰诊所向InnoCentive社区的在线问题解决者求助，希望找出一个不使用缝线就能重新连接两块人体组织的办法。这个问题为获得一个理论上的解决方案出价近3万美元，有超过800人报名参加，而这个理论将会以永久且排他的方式授权给这家诊所，这意味着问题解决者将失去这项创意今后的所有权利。考虑到这样一个解决方案的巨大经济潜力——特别是涉及体液输送组织手术，为什么还会有人为了那么点钱而放弃能带来更大潜在经济价值的权利呢？

和众包的创新挑战的非凡作用不同，问题的答案并不是问题解决者把解决问题后带来的认可看得比金钱还重要，而是他们也许关注的是寻求同行的肯定，挑战自我达成个人的最佳表现，或甚至是为了找一份工作。但无论怎样，只要他们有能力解决这个问题（从实际情况来看，起码有一个方案应该能满足克利夫兰诊所的需要），那就意味着他们的工作价值没有得到完全的肯定。实际上，InnoCentive公司是以适中的价格在向答案寻求者们提供大量的咨询服务，所有问题的解决方案毫无疑问就是来自数以万计的挑战竞赛。几乎所有解决方案的交易价格与其实

第 10 章
众包创新

际价值相比都大打折扣，并且每场挑战的优胜者只能有一个。

形成这种套利的因素有 4 个：

1. InnoCentive 的可信度；
2. 对问题提出者的品牌的理解；
3. 问题的公开规模；
4. 问题解决者之间的竞争。

虽然 InnoCentive 以极高的效率为市场带来了新的创意，但这个市场的净效应拉低了这些全新挑战产生的解决方案的价格。现在，问题解决者们不以低价竞争（在其他地方可能也不会这么做），但为什么要支付高额的费用给一所大学或咨询公司来做基础研究呢？因此，我们所得到的结论就是：如果你能提供更多可获得"非现金"（工作、名誉、认可等等）回报的机会，人们就越有可能会降低自身的经济价值，以求成为你发起的挑战的赢家。

可是，当挑战没有太多明确的规定，注重的是过程而不是结果，这种情形应该怎么办？我们在第 2 章当中介绍了 IBM 的 Innov8——一个开放的、旨在让玩家理解、设计和学习业务流程的软件平台。IBM 认为，即使是不起眼的过程改进，也会带来利润的提高、能力的提升，以及减少所需的人员成本或资本投入。自 2008 年推出以来，Innov8 已经为 IBM 带来了极大的成功，现在已经有超过 1 000 家教育机构和企业使用这个软件平台，向组织内部各层级有志于成为流程工程师和主管的人传授商业流程管理（BPM）的基本原理。

在 Innov8 当中，用户通过真实或虚构的体验，来学习商业流程管理的基础知识。在那里，他们可以探索和设计流程的运作方式，探索各环节是如何结合在一起的。然后，他们在不同的设计模式中进行合作，研究各种假设。借助对客户服务、业务流量和供应链模型的仿真模拟，Innov8 能使用户把注意力集中在具体的业务流程管理问题和解决方案上。通过使过程可视化、可交互和社交化，不管是外行，还是专家，都可以以此梳理他们的知识，并以全新而独特的方式进行互动。

现在，许许多多的用户通过 Innov8 协作解决过程中的问题。例如，IBM 的 CityOne ——一个基于其 Smart Play 框架的真实流程模拟游戏，被用来为城市规划问题开发实用的解决方案。数以万计的用户投入到 CityOne 当中，携手合作解决各种问题，比方说，如何增加供水、保证交通通畅以及随着城市的发展扩展政府职能。这就像著名的模拟游戏《模拟城市》(*SimCity*)，但 CityOne 却为真正的城市规划者提供了数据，使他们能够以此来完善真实城市的建设。同样，Innov8 的业务流程管理模块被全世界的学生、学者用于应对现实世界的难题。

显然，对商业流程管理的需求是大多数行业时不时要面对的事情。对先进设计和游戏化结构的巧妙运用，使 IBM 能够把这种需求转化成一项重要的市场资产，并通过其强有力的创新支持建立良好的业绩。它确实奏效！

在 Innov8 如此成功的原因之中，有一个简单的道理，即与其他选择（笔和纸，或无趣的定制软件设计选项）相比，它显然更有乐趣。通过把乐趣和游戏机制加入到本来无聊透顶的事情当中，Innov8 改变了企业，也改变了我们的生活。

但是，如果乐趣在体验中是隐含的，而非明确的，游戏化还能和众包一起被用来真正取代或补充从事商业经营的核心人员的工作吗？其

第 10 章
众包创新

实,关于这一点,某些一流企业已经做到了。

推动新产品开发

许多人都知道 CNN 是世界上第一个提供 24 小时新闻播报的频道。自 1980 年推出以来,CNN 及其分支网络(头条新闻、机场电视网以及 CNN 国际,在此仅举几例)重新定义了新闻采集和传播行业。虽然最近几年 CNN 的收视率大幅下降,但该频道仍然由分布在数十个国家的 36 个办事处完成主要的、传统的新闻采集任务。在这些地方,CNN 的记者从事着传统的和劳动力密集型的工作——追踪新闻线索、努力捕捉独家消息、驾驶卡车、安排卫星连线和实时播报。这些努力的成果随着 CNN.com 对海量网络新闻的搜集和播报的需求,以及美联社(AP)等渠道的联合发布而被放大。

但是,除了传统的手段,CNN 已经创新性地通过大众的力量来采编新闻了。CNN 推出了"个人报道"(iReport),赋予 95 万名平民记者以采集新闻并通过 CNN 的渠道发布的权利,这些人成了对 CNN 数千名正规员工的一种补充。这项举措于 2008 年推出,"个人报道"充分利用了带有视频摄像功能的智能手机的广泛普及和人们对"滚动新闻"的强烈渴望,这在 Twitter 和 Facebook 上是备受欢迎的。CNN 希望借此让每个人都来讲述发生在他们身边的新闻故事。

CNN 的创新举措使平民记者们不断地提供各种内幕消息和独家新闻,带来了数以百万计的新闻故事。视频丰富的表现力和互联网的连通性，使新闻能在任何时间从任何地方上传到网络，哪怕它很简略。自推出以来，它已经独家播报了一些著名的新闻事件，包括弗吉尼亚理工大学枪击案，2004年的印尼海啸，"7·7"伦敦爆炸案，以及明尼苏达州35号洲际公路大桥的坍塌事故。每一次，CNN都能比其他正规的新闻媒体提前数小时甚至数天就拿到重要的第一手视频和音频资料。

没有人质疑平民记者的存在会不会取代传统的新闻手段。除此以外，进一步来说，"个人报道"最给力的地方，是CNN成功地将其一部分新闻采集工作外包给普通人，而不用为此向他们支付一分钱。替代现金报酬的，是个人记者们能够得到一系列徽章，或在每年的颁奖活动上获得奖项，最重要的是——他们的个人报道有机会被电视新闻或CNN.com的主页所采用。这满足了用户的表现欲，也使他们获得了用开放和坦率的方式讲述自己的故事的机会。

这种曝光结合了视频媒体的表现力，让普通人有机会露脸、出名，以至于根本不需要用金钱来补偿他们所付出的努力。CNN之所以能将该举措规模化，是因为设计了非常好的游戏及其奖励模式，足以推动用户的长期参与。这些概念联合起来产生的作用确实非常强大。

然而，并不是所有用于工作和产品开发的游戏化众包方案都没有现金报酬。实际上，在诸多奇特的实体产品领域的初创公司当中，就有一家把现金报酬作为在其社区内驱动追求卓越和互动参与的战略的核心。

Quirky公司于2009年在纽约创立，是一家新型的、社交化的产品制造商。Quirky将人群召集到其网站上，让大家协作构想、优化设计、制定营销方案，并销售新的产品。第一步，是人们把他们希望被实现的产品创意提出来，例如旋转插座（PivotPower），这是一个售价30美元的灵活的电源插线板，可以绕过周围的物体，迄今已销售了超过 37 万个。然后，人们对该产品进行投票表决，提供改进和完善的建议。一旦产品得到一定数量的投票和大伙儿的支持，就获得了被制造出来的资格。接着，发明者和支持者们继续对这个产品进行改进。如果公司决定生产该产品，那么参与其中的人们也可以为营销和发行献计献策。

Quirky 的核心思想是，人们可以利用他们独有的化无序为有序的能力来定义产品，并且使最需要被制造的产品脱颖而出。通过吸引群体的参与，公司还可以识别出产品会有怎样的市场前景和目标受众，还能得到基于营销和生产需要的用于优化产品的改良方案。

在 Quirky，最有意思的巧妙设计可能就是公司与用户分配收入的方式了。每个人的参与情况都被系统跟踪并分级。根据用户在产品设计、改良、制造和销售过程中的贡献，他们将得到该产品净收益中的一个"份额"。基于此，线上直接销售的 30% 和线下渠道销售的 10% 都将与社区用户分享，其中的 35% 预留给产品的发明者，其余的则在参与者之间分配，最低的份额为 0.1% 的利润。

游戏化阅读

创新可以很怪，也可以很快。通过本书配套的"游戏化革命"应用程序（可以从 http://gamrev.com 下载），你会看到一些最好的客户创新理念，可以找到视频、社交连接，并且阅读、分享、与朋友和同事讨论本书的创新方法。

有意思的是，所有达到最低贡献级别的参与者，包括连最低份额都拿不到的人，都会被列在产品手册当中。这跟电影或电视节目结尾的滚动的演职人员表一样，此举使以不同方式参与项目的大量协作者的大名都能留在特定的产品上，这样就能够获得更多人的参与。此外，用户能够从社交化的销售中赚取收入，是将项目的多层次营销提升到一个新的水平上的重要因素。

从根本上说，Quirky所做的是试图降低新产品开发的风险。用一场游戏来吸引人们把产品制造出来，在产品从设计到销售的生命周期中，利用积分系统来衡量大家的参与程度，在这个过程中，Quirky将发明者的创意变成了市场的需求。而后，Quirky从这项知识资本中获益，在产品回本之前，都不必向用户支付任何现金。

实际上，Quirky要求发明者在提交创意时，要为每个创意支付10美元。这种"基本投入"的设立，能淘汰掉那些连发明者自己都认为不值10块钱的概念，确保将Quirky上一无是处的提案数量减至最低。由于Quirky还没有公开上市，因此其整个价值链的财务措施还有待证明。但是，Quirky已经成功融资2 300万美元资金，而许多主流社交媒体也对它的产品津津乐道。通过运用游戏化的众包，Quirky从根本上改变了产品开发组织的成本配置模式，并且干得不错。

总之，用众包和群体工作来改变智力资本的经济价值，是一股不可阻挡的力量。企业意识到他们可以切合实际地利用群体来解决客户服务问题、推动创新、把工作落到实处，还能设计和制造新的产品，有无尽的可能性。而所有这些的核心都是游戏化在起作用。从积分和徽章，到史诗般的任务和乐趣，游戏设计和机制的作用使这种变革的方式生根发芽。正如你在这些案例中所看到的，当一个游戏化的众包体系获得成功时,其背后的游戏机制就会迅速受到关注。对你的组织而言,至关重要的是不要迟疑,尽早行动。通过这种方式,你就能够在所有团队的支持下——当然还有众包,引领游戏化的革命。

> **游戏化阅读**
>
> **将阅读社交化**
>
> 在你的工作中所面临的最大问题是什么?与你的同事一起合作,共同为解决这一问题设计游戏化的方案吧。在"游戏化革命"APP应用上发布这个方案,字数控制在400字以内,并从游戏化社区获得相关反馈,就有机会赢得一位游戏专家的直接反馈!

THE GAMIFICATION REVOLUTION

后记

推动未来商业的力量

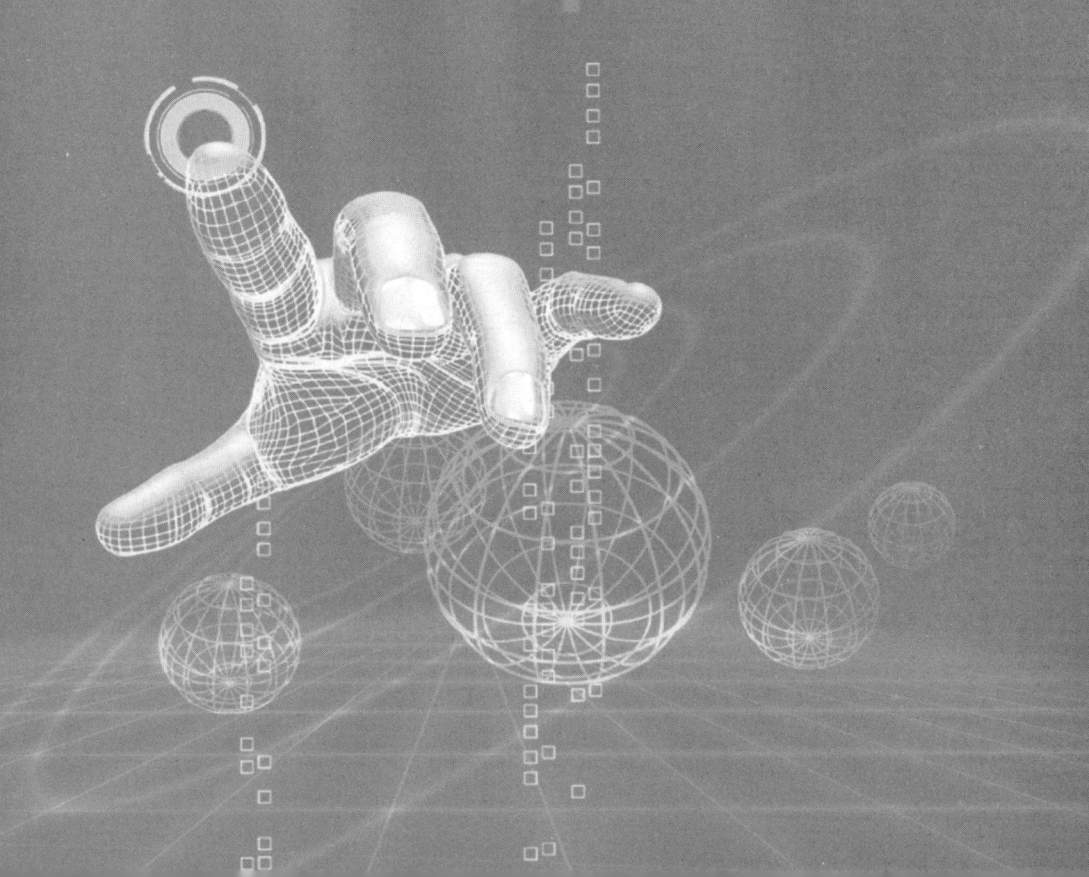

今天的孩子们正在改变明天的世界。在过去五年中，人类在癌症治疗和解决全球性环境危机方面的重大进步，全部都是从中学科学比赛当中脱颖而出的。2008年，来自加拿大滑铁卢的丹尼尔·伯德（Daniel Burd）提出了一种生物降解塑料的方式，既安全又快捷，而且有效。在2012年所产生的两项抗击癌症方面的重大进展均来自两位中学生：17岁的安吉拉·张（Angela Zhang）开发了被她称之为"癌症瑞士军刀"的有可能治愈癌症的方法；而15岁的杰克·安德拉卡（Jack Andraka）发现了一种检测胰腺癌的突破性方法，他所提出的这个简单易行的血液检测手段，在疾病的早期阶段就可以便捷有效地发出警告。

问一下今天的管理者和市场营销人员，他们是怎么看待千禧一代的。你听到的很可能是一个完全不同的故事。他们会扔出"过于敏感"、"野心勃勃"、"懒惰"、"散漫"等形容词来描述这个年轻的群体。游戏虽然不是唯一的原因，但确实在推动这些特质方面扮演了重要

后记
推动未来商业的力量

角色，造就了一个 1.5 亿人的群体，他们思考得更快、更技术化，与前辈们完全不同。但是，如果单凭管理者、教师们和专家们的抱怨，你可能得到的印象是：这一代人永远不会有出息，不值得为他们而努力。

也许，他们实际上正在给我们上一堂重要的课：我们目前鞭策、激励、教学以及吸引他们参与的方式都是错误的；我们正在快速迈入一个把"乐趣"当成新的"工作"的未来。乐趣，也是能够带来购买和销售、吸引关注以及实现健康的全新方式。在一个实现个人满足胜过金钱财富的时代，确保员工和顾客幸福、满足和享受工作正在成为一种标准，而非特例。游戏化正引领着各个行业发生根本性的改变，通过创造更多的乐趣，最终对建设一个强大、快乐以及更具吸引力的团队产生更多的影响。

Gartner Group 表示，到 2015 年，世界上 70% 的大公司将使用游戏化。而在同一年，成千上万的初创企业、非营利组织和政府机构也将运用来自游戏、忠诚计划和行为经济学的优秀理念来驱动关注、互动和结果：

1. 游戏化是新一代的语言；
2. 游戏化的好处也同样适用于年长的员工；
3. 游戏化提供负担得起的、可衡量的及可扩展的行为改变。

虽然在今天看来，游戏化略显得前卫或有些复杂。但是，毫无疑问，在你的企业里，游戏化正在被运用或考虑运用于许多专业知识（面向内部人员和面向顾客两方的）。为了推动企业更上一层楼，它们需要一个以互动为优先级的清晰战略。现在，对游戏化的潜力的了解将有助于企业适应这样一个未来：乐趣、互动和奖励不再是可选项，而是必需品。从汽车、金融、政府到教育，受社会化、移动化和游戏化的推动而进行结构性改变的行业不计其数。

游戏化本身甚至可以用来制定这些未来战略。从战后早期的情景规划，到今天全球性的众包策略的竞争，游戏化的理念已经在预测企业的未来当中发挥了关键作用。虽然，游戏化之于战略规划不是什么新事物，但是随着企业对"让过程本身更有趣和更有价值"越来越关注，以及对"提高与它们相关的能力"的渴望，企业战略的游戏化变得前所未有地重要。这种趋势甚至延伸到了那些不直接参与战略进程的员工，从而带来了对效果更好的培训、发展与绩效改进的更多需求。

但是，要找到和留住那些关键的参与者不是件容易的事。根据《华尔街日报》和伟事达国际（Vistage International）的调查，尽管经济形势严峻，仍有31%的小企业反映他们发展的主要障碍来自招不到合格的员工。白领并不是唯一受欢迎的，制造业当中有41%的企业找不到合格工人，而在服务业当中，该比例为39%。与此同时，29%的零售业企业在寻找无需强化培训（成本昂贵）就能上岗的员工时，也面临着更多的挑战。通过帮助企业迅速筛选最佳人选、扩展对核心技能进行聘前测试的组织方法，游戏化正改变着招聘的玩法，并使招聘更加社会化。

人员招聘的挑战不断提升，在很大程度上是由于员工留存状况已不同往日。一般公司可以预料其每年流失的员工数量在20%至50%之间。据CareerBuilder.com透露，在所有雇员当中，有76%的人表示，如果出现合适的机会，他们会离开现在的工作岗位。同时，在 2012 年春天，MetLife 发布了第十次雇员趋势与态度的年度调查报告，表明员工忠诚度达到了七年以来的低谷。事实上，有三分之一的雇员表达了他们将会在年底离职的想法。

造成员工人心浮动的原因一直以来广受争议，但有一点是肯定的：工作开心的人是不会离开的，离开的都是那些感到不开心的人，这是再简单不过的道理了。进一步来说，那些感到自己的工作意义深远，并与其自身紧密相联系——如果他们能与朋友并肩奋斗，并乐在其中的话，那他们就会更加努力地工作，而且会做得更长、更好。

根据 CareerBliss.com 的数据，在最幸福员工排行榜中的前 10 家企业中，有 8 家在团队中公开运用了游戏化的做法。以下是全球最具幸福感的公司 TOP10 排行榜：

1. 希尔顿全球酒店集团（运用游戏化策略中的虚幻引擎 3 模拟项目）；
2. 福陆公司（运用游戏化策略中的商业模拟）；
3. 强生公司（运用游戏化策略中的维护员工健康）；
4. 诺思通（运用游戏化策略中的个人代理感）；
5. 巴斯夫（运用游戏化策略中的文化和体育活动）；
6. Centex 公司；
7. 美国空军（运用游戏化策略中的著名的徽章和级别）；
8. 富达投资；
9. 爱立信（运用游戏化策略中的品牌大使计划）；
10. 雪佛龙（运用了游戏化中的奖励包和员工俱乐部）。

与此同时，成千上万的企业运用新的游戏化手段彻底改造了他们的绩效反馈系统，为员工出色的工作提供了快速的、社会化的奖励和表彰。在此背景下，也就难怪有许多优秀的公司把他们的员工医疗保健方案也游戏化了，通过把健身计划变成工作场所的一部分，激发了员工的协作和竞争，从多方面推动了企业文化、员工士气和团队的凝聚力。

并非只有员工和内部的利益相关者才能得到游戏化带来的力量，游戏化也可以用于客户。来自市场的噪音和干扰一直在有增无减，因此有些企业不顾一切地去尝试抓住顾客的注意力。顾客几乎有无限的选择，去填补他们的空余时间，但所有的这些都在他们的指尖快速掠过。对于一家新的商店、一种新的体验或一个新网站来说，顾客向来只给企业三到五分钟的时间来证明自己，而今天的顾客恐怕只能抽出不到 60 秒的时间。同时，一直被他们认为是消遣的活动，比如看电视，现在有近 25% 的时间是通过第二或第三个屏幕去体验的。显然，为了屏幕上那些"精彩"的节目，我们需要分身有术。

对额外刺激和互动的需求也是由被浸淫于游戏当中的千禧一代所推动的，这无疑创造了一个独特的机会。如果你能够通过运用游戏化隔断噪音，就可以与客户进行前所未有的联系和对话，你可以通过运用包括惊喜和乐趣在内的各种游戏机制做到这一点。当然，最重要的是，你的企业必须成为受用户欢迎并经常光顾的地方。如果需要，就要游戏化第二屏（和第三屏），并且掌握这种使人分心的事物，而不是与之苦战。

后记
推动未来商业的力量

一旦你得到了用户的关注,就可以使用社交联系、驾驭过程和病毒循环的力量来增强它,而且你必须不断测试、监测和改进这些游戏化的动力,以优化客户所需要的体验。最关键的是,绝不能让它变得无聊。如果你不能保持不断制造出新奇的东西,再好的游戏也会让用户失去动力。如果你用游戏化成功地维系了用户的互动和参与,那你可以借此进入一种最大限度地减少有形回报的新型忠诚度计划,用身份、权利和能力替代支付。最好的案例甚至能设法凭借这个概念赚钱,把忠诚度积分转变为利润中心,并在战略性的全球虚拟货币市场角逐主导权。

用户一旦被你的品牌所吸引并认同它,能够做的还会更多。运用正确的激励机制,你可以让人们来设计产品,解决问题,创造知识产权,让你能够赚到钱,这个概念就叫作众包。众包已经为科学和经济以及创造性的问题带来了重大的解决方案。这说明你甚至可以让技能较低的用户去做困难的事情,解决实际的问题,而不会在面对难题时拂袖而去。如果人人平等,目标一致,给予适当激励,让他们乐在其中,那么企业发挥的空间将不可估量。

无论你的企业是从事制造,还是提供服务,你的员工是年轻的,还是年老的,或是老少都有,游戏化的力量都可以改变你的企业。市场充满了机遇,未来尚未写就。在这个巨大的转变当中,你最不想看到的,就是自己被甩在后面。所以,关键是要在当下抓住时机,去推动公司的战略。

正如本书中提到的这些案例,各种规模的具有前瞻性思维的组织正在通过利用游戏、忠诚计划和行为经济学的交叉点来改变世界。他们所有人的乐观都源于一个共同的理念：深信通过好的、吸引人的设计，人类的行为是可以改变的。这些案例以及数以百计没有收入本书的案例，都证明这是完全可以被做到的。

1982年，英国著名艺术家约翰·苏厄德·约翰逊二世在纽约世贸中心对面竖立了一座标志性的青铜雕像——一位坐在凳子上的商人。2001年双子塔倒塌之后，经过修复的雕像被放置于华尔街一端的祖科蒂公园。2012年一个阳光明媚的夏日，一个小女孩拉着妈妈的手站在雕像前。她的目光停留在雕像那个打开着的公文包里，然后抬起头，露出好奇的表情，向她的母亲问道："那是什么？"母亲一边回答说，一边对几个路人报以不好意思的微笑，"这是一个计算器，以前的人们用它来算算术的。""嗯，那是什么？"孩子又问。"这是一个开信刀。"小女孩疑惑地忽闪着大眼睛望着母亲，于是她的母亲继续说道："过去人们用纸做的信封来装邮件，所以他们必须用开信刀来打开这些信封，否则这会划伤他们的手指。""哦。"小女孩点点头。

她们又看了几样物件，直到最后，小女孩站在一旁静静地看着雕像，若有所思。然后，她把手伸进母亲的口袋，从里面掏出一个带有触摸屏的移动设备，把它放到雕像的公文包里。"看起来他需要它。"她耸了耸她的小肩膀，向表情讶异的母亲解释道。当小女孩走开时，母亲拿起移动设备，摇了摇头，不解地跟着孩子汇入拥挤的人群中。

青铜，是相当不错的。但是，每个成功者都会告诉你：黄金，才是唯一重要的颜色。

后记
推动未来商业的力量

到目前为止，或许你已经通过http：//gamrev.com下载的"游戏化革命"APP应用完成了所有挑战。如果你尚未完成，那也为时未晚，你可以在APP应用中去查看录像、留言、社交媒体清单以及网址列表，并与你的好友和同事分享本书内容。

附录
游戏化阅读答案

第1章

> 赢得拿破仑的食品储藏方案大奖的人叫什么名字？

尼古拉斯·阿贝尔。

> 做什么事情能让麦当劳大富翁游戏的玩家赢得游戏？

长途跋涉到其他地方寻找麦当劳的门店；

更频繁地光顾麦当劳；

哪怕吃不下，也要增加点餐量。

> 按照本章所述，所有公司共同的最有力的竞争者是谁？说出它的名字。

是社交游戏公司 Zynga 公司。

> 根据2009年的一项研究，经常玩电脑和/或视频游戏的人群占多大比例？

占 60% 的比例。

➢ 据本章所述，所谓的"典型游戏用户"是什么样的人？

典型游戏用户是年龄为 43 岁的女性。

➢ 常识媒体（CSM）的研究显示，在同一时间使用超过一种科技的人群当中，哪个年龄的群体占有 23% 的比例？

是 5 至 8 岁的儿童。

➢ 为了把实现驾驭的成长过程以一种有意义的方式带到你的企业当中，首先应该设计什么？

首先应该设计关键机制。

➢ 说出一种在本章中提到的重要的游戏机制。

重要的游戏机制包括：积分；徽章；奖励和奖品；社交鼓励；挑战；指向目标的里程碑。

若答案有所遗漏，请访问"游戏化革命"APP 应用。

第 2 章

➢ 用一个词回答：eBay 的评分体系反映了商家的哪方面信息？

可信度。

➢ 用一个词回答：首席互动官的工作重点是推动什么？

互动。

➢ 用一个词回答：音乐人"天生赢家"通过游戏化社区 Chamillitary 驾驭了谁的力量？

歌迷。

> 用一个词回答：SAP 社区网络用于建立同谁的联系？

客户。

第3章

解开谜题！哪种天气把电闪雷鸣和狂风暴雨变成了乐趣？

游戏风暴。

第4章

第一种方案的结果：一开始，员工们都对每周的比萨聚会感到很兴奋，这也许会体现在他们的工作中，也许不会。然而，一段时间之后，这种"奖励"不再是一种惊喜，员工们又会恢复到懈怠、迟缓的老样子。因为奖励没有与具体的行为挂钩，因此这种方案的作用是有限的。

第二种方案的结果：有些团队成员试着按你的要求作出改变。但是，大多数人会对此感到生气。很快会出现辞职的行为，以及不爽和沮丧的情绪；而其他人会拒绝跟上节奏，工作效率反而比以前更低。当你继续用惩罚的手段来纠正大家的不佳表现时，随处可见的不满会持续增强。

第三种方案的结果：当员工们沉浸于你的游戏当中时，他们的行为也会迅速地随之改变。随着以游戏的形式比赛，让员工与他们的朋友和领导互相竞争，员工满意度会不断增加，相同的情况也发生在客户满意度上。通过持续加入惊喜和不断调整，你的员工会不断投身到这个游戏当中，并一直保持符合游戏的设计初衷的积极行为。

第 6 章

"像苍蝇叮蜜糖一样让招聘变得有趣"章节

> 哪家公司通过广告牌上的谜题吸引应聘者？

谷歌。

> 判断对错：有超过 100 人赢得了 Quixey 的挑战。

错误。

> 在本节讲述的第一个案例中，赢得挑战的获胜者会被告知，他们是"世界上 ＿＿＿＿ 工程师。"

最好的。

> 判断对错：本节得到的最大启示是：让合格的员工来找你，比你出去找他们更好。

正确。

"游戏化职业道路：欧莱雅在线职业之旅"章节

> 判断对错：在招人的时候，招聘会是一个有效去除多余信息的方式。

错误。

> 欧莱雅想要招聘的是哪方面的人才？

未关注高端化妆品品牌，但具有一定的工作技能，有能力胜任工作岗位的应聘者或非应聘者。

> 《欧莱雅职业之旅》为玩家模拟了怎样的体验？

一次实际的工作经历。

> 《欧莱雅职业之旅》正式推出时已经获得了多少注册用户？

超过 21 000 名的用户。

"品牌风暴：现实世界中的招聘创新"章节

> 2012 年的"品牌风暴"活动主要聚焦于哪家公司的新产品？

美体小铺。

> 判断对错："品牌风暴"活动为欧莱雅带来了一个机会，不仅了解到什么是今天的年轻人想买的，还有他们会怎样购买。

正确。

> 有几个国家的团队参加了 2012 年的"品牌风暴"比赛？

40 个。

> 对欧莱雅的"品牌风暴"活动有特别兴趣的潜在应聘者都具有 _____ 本能。

竞争性。

第 9 章

问题：哪个行业的游戏化方案看似充满了乐趣、挑战和奖励的新机会,然而不断带来的却是无趣,以及极其有限和毫无价值的回报?

答案:超市的忠诚度计划增加了消费者的额外成本,但是没有提供奖励、挑战和乐趣。

译者后记

在接触"游戏化"之前，我首先结缘的是"严肃游戏"。2005年，我和几位同伴第一次创业，一开始做的是自己最熟悉的业务——开发网络游戏。渐渐地，为了给公司增加收入，我们开始向一些潜在客户销售"严肃游戏"的概念。

幸运的是，这项业务与一些企业的需求不谋而合：以游戏的形式更生动地呈现教育（或培训）内容，激发员工自主参与，实现更高的学习效率，达到更好的教育（或培训）效果。

从国内企业的第三方物流业务模拟体验游戏，IBM的大型销售人员培训游戏《销售任务》(*Sales Quest*)，到为摩根士丹利的创新实验室设计游戏化工作环境，不管我们是不是国内严肃游戏领域的先行者，但肯定的确实在这方面有过诸多的实践，积累了不少经验。当然，公司也因此赚到了一些钱。

但是，严肃游戏真心不好玩。客户们对游戏当中的娱乐元素始终忧心忡忡。在设计解决方案的时候，我经常会面对"要好玩，但不能太好玩"的自相矛盾的需求。客户反复要求保持其"严肃性"。然而，就像"严肃游戏"这个词所反映出的矛盾事实一样——游戏是不能严肃的。在过去的项目当中，虽然我和团队被绑住了手脚，但还是做出了一些具有突破性的设计。

另一个问题随之而来，就是人才的流失。因为严肃游戏的设计、开发，以及所采用的技术与制作游戏很接近，我们为客户完成的项目曾使用过 Orge3D、Quake2 引擎；2007 年夏天，在为迪拜的一位客户制订解决方案时，我曾经访问过 Epic Games 中国公司，探讨采用虚幻3 引擎的可能性。正因为如此，我们培养出来的人才，不久就会离开，纷纷投奔到各个游戏公司当中。他们离开的原因很简单：严肃游戏不好玩，而且都是企业或政府的内部项目，无法进入公众视线，导致工作缺乏成就感。

最关键的是，对于我们的企业和政府客户而言，严肃游戏虽然是一种有益的创新尝试，但不是一种战略。因此，当客户的内部或外部环境发生变化时，严肃游戏这种试验性项目的预算就会被削减。2007 年底，在我们的公司被一家来自荷兰的互联网集团收购之后，我的几位合伙人由于看好严肃游戏的前景，决定另立门户专攻这一领域。而我对此持不同观点，我始终认为严肃游戏是一个非常狭窄的领域，不管它所产生的社会意义多么重大，对一家公司来说，有远大的理想是可贵的，但首先要生存下来。2008 年，金融风暴导致了全球性的经济危机，许多企业深陷泥潭，自身难保，一些创新性的项目纷纷被叫停或无限延后；而来自政府的项目沟通时间漫长，付款规定比较死板，初创公司必须自己承受巨大的现金流压力，这让我曾经的合伙人的日子很不好过。在苦撑了三年多之后，他们的团队被解散了。

在那段时间里，《家用电脑与游戏》杂志曾做过一个关于"严肃游戏"的专题，找到我做了专访。期间，我表达了对"严肃游戏"的悲观态度。虽然如此，作为一名游戏行业的从业者和重度的游戏玩家，我仍然坚持"游戏是最有效的互动参与手段（特别是针对年轻人）"的观点。但是，严肃游戏绝不是唯一的选择。

在那之后的职业生涯里，我从事过游戏内植入广告，以及为广告客户设计游戏等工作，这些尝试都非常有益，但我总觉得这些利用方式以及从中传达出的对于游戏的理解还不够深刻。随着时间的推移，在不断地尝试和经常性地思考当中，我逐渐形成了一些自己的观点：

1. 严肃游戏过于狭窄，效仿游戏并不一定需要开发一款游戏软件，应该有一种比它拥有更广泛应用空间和多样化手段的概念；

2. 运用游戏的原因，是其本身的挑战和乐趣能驱动更的多人主动参与，所以这些是不能被摒弃的；

3. 一个能被大众接受的事物，才能吸引更多有才华的人加入进来，共同推动这项事业的蓬勃发展。

我和"游戏化"的相识，缘起于简·麦戈尼格尔的著作《游戏改变世界》(Reality is Broken)，书中所阐述的"游戏化"概念正是我一直在寻找的珍宝。我在群邑中国（GroupM China）工作的时候，公司在一次大型的年度会议当中还请来了简·麦戈尼格尔本人，她用游戏化的方式开展头脑风暴活动，激发了所有人的想象力，展示了游戏化的作用和魅力。之后，我开始广泛收集国内外关于游戏化的理念和案例。在这个过程当中，我发现国内有关游戏化的书籍、案例分析和资料极少，而在国外，游戏化的概念已经被企业界和政府所广泛接受，一些专门从事游戏化设计的公司也应运而生，成功的实践案例层出不穷。于是，我想："或许我应该可以做些什么？"

去年年底，中国人民大学出版社编辑在微博上联系到我，谈及将引进盖布·兹彻曼与乔斯琳·林德的著作《游戏化革命》，邀请我翻译此书。在使命感的推动和家人朋友的鼓励下，我接下了这项艰巨但充满意义的任务。在五个月当中，我耗费几乎所有的业余时间进行翻译工作，完成译稿的那一刻，就好像在技能和装备不足的情况下打通了一个异常困难的游戏关卡，整个人都虚脱了，但满满的都是成就感，想想还有点小励志呢！

《游戏化革命》是一本非常精彩的著作，最令我激动的是，作者们在书中列举和深入分析了大量真实的案例。其中，有的我虽有耳闻，却没有深入了解过；而有的案例，则是闻所未闻的。为了准确地阐述这些案例，我花费了大量的时间和精力查阅相关资料，从中获益良多。这些案例涉及的领域非常广泛，从企业到政府部门，从金融业到娱乐圈，从员工健康到交通安全，可以说是全方位地展现了游戏化在社会和商业活动中的成功应用。

译者后记

以有限的英语水平在业余时间翻译此书，可以说是一项艰苦卓绝的工作。因为担心自己无法完成，所以一直向周围的亲朋好友保密。事实上，中途我确实不止一次想要放弃，如果没有旁人的支持，我根本无法完成这项工作。在此，我要感谢胡燕川（原 Crytek 中国工作室发行制作人）、瞿闻豪（前 2K Games 杭州工作室总监）、陈可（原新浪微游戏产品总监）、颜兆祥（游侠汇创投，游戏天使投资人）等朋友所给予的帮助和鼓励。

我最重要的也是无以言表的感激之情，要送给家人。我的父母，我的妻子姜敏慧，还有可爱的女儿，是你们承受了我的坏脾气，默默地支持我走过了人生中这段艰难但具有非凡意义的日子！特别要提一下我那正在念小学的宝贝女儿，她时常关心着我的翻译进度，督促我与拖延症抗争。游戏化正是为她这一代人而准备的，虽然这是一本她尚无法理解的书，但她一直以此为傲，并且非常尽责地帮我保守了这个小秘密。

同时，我要与我的挚友孔毅君、刘智毅、邵骅分享这一成就！

最后，我要感谢阅读此书的读者们！我力图将原书内容和精髓准确完整地还原出来，但因为个人水平十分有限，如有不当之处，还敬请各位谅解。

藉由此书，希望能够让更多的人认识和理解游戏化，进而运用它来改造和改变这个世界，让生活和工作变得更富有乐趣！

应皓

Gabe Zichermann & Joselin Linder. The Gamification Revolution: How Leaders Leverage Game Mechanics to Crush the Competition.

ISBN: 978-0-07-180831-6

Copyright © 2014 by McGraw-Hill Education.

All Rights reserved. No part of this publication may be reproduced or transmitted in any form or by any means, electronic or mechanical, including without limitation photocopying, recording, taping, or any database, information or retrieval system, without the prior written permission of the publisher.

This authorized Chinese translation edition is jointly published by McGraw-Hill Education and China Renmin University Press.This edition is authorized for sale in the People's Republic of China only, excluding Hong Kong, Macao SAR and Taiwan.

Copyright © 2014 by McGraw-Hill Education and China Renmin University Press.

未经出版人事先书面许可，对本出版物的任何部分不得以任何方式或途径复制或传播，包括但不限于复印、录制、录音，或通过任何数据库、信息或可检索的系统。

本授权中文简体字翻译版由麦格劳-希尔（亚洲）教育出版公司和中国人民大学出版社合作出版。此版本经授权仅限在中华人民共和国境内（不包括香港特别行政区、澳门特别行政区和台湾）销售。

版权© 2014 由麦格劳-希尔（亚洲）教育出版公司与中国人民大学出版社所有。

本书封面贴有 McGraw-Hill Education 公司防伪标签，无标签者不得销售。

版权所有，侵权必究

图书在版编目（CIP）数据

游戏化革命：未来商业模式的驱动力 /（美）兹彻曼，林德著；应皓译.
— 北京：中国人民大学出版社，2014.6
ISBN 978-7-300-19526-1

Ⅰ.①游… Ⅱ.①兹… ②林… ③应… Ⅲ.①商业模式－研究 Ⅳ.①F71

中国版本图书馆 CIP 数据核字（2014）第 130842 号

游戏化革命：未来商业模式的驱动力

[美] 盖布·兹彻曼
　　乔斯琳·林德　著
应　皓　译
Youxihua Geming: Weilai Shangye Moshi de Qudongli

出版发行	中国人民大学出版社	
社　　址	北京中关村大街 31 号	邮政编码　100080
电　　话	010-32511242（总编室）	010-62511770（质管部）
	010-82501766（邮购部）	010-62514148（门市部）
	010-62515195（发行公司）	010-62515275（盗版举报）
网　　址	http://www.cruo.com.cn	
	http://www.ttrnet.com（人大教研网）	
经　　销	新华书店	
印　　刷	天津中印联印务有限公司	
规　　格	170mm×230mm　16 开本	版　次　2014 年 8 月第 1 版
印　　张	18　插页 1	印　次　2021 年 3 月第 5 次印刷
字　　数	197 000	定　价　59.00 元

版权所有　　侵权必究　　印装差错　　负责调换